银行
供应链金融
业务新生态

新市场形势下不同应用场景解决方案

葛经纬◎著

机械工业出版社
CHINA MACHINE PRESS

本书将供应链金融的基本知识、起源，银行供应链金融业务发展的历史沿革、趋势，不同供应链金融场景的解决方案和供应链金融的发展方向进行梳理并呈现。重点为读者解读不同应用场景下，供应链金融为企业解决问题的方法及路径，并提示相关法律风险，具有很强的实用性。

图书在版编目（CIP）数据

银行供应链金融业务新生态：新市场形势下不同应用场景解决方案/葛经纬著．—北京：机械工业出版社，2021.1
ISBN 978-7-111-67261-6

Ⅰ.①银… Ⅱ.①葛… Ⅲ.①银行-供应链管理-金融业务-研究 Ⅳ.①F830.3

中国版本图书馆 CIP 数据核字（2021）第 003019 号

机械工业出版社（北京市百万庄大街 22 号　邮政编码 100037）
策划编辑：赵晓晨　责任编辑：赵晓晨
责任校对：陈小慧　封面设计：鹏　博
责任印制：谢朝喜
北京宝昌彩色印刷有限公司印刷
2021 年 2 月第 1 版·第 1 次印刷
170mm×242mm·10.25 印张·11.5 千字
标准书号：ISBN 978-7-111-67261-6
定价：48.00 元

电话服务　　　　　　　网络服务
客服电话：010-88361066　机　工　官　网：www.cmpbook.com
　　　　　010-88379833　机　工　官　博：weibo.com/cmp1952
　　　　　010-68326294　金　　书　　网：www.golden-book.com
封底无防伪标均为盗版　机工教育服务网：www.cmpedu.com

序 一

受疫情影响，国内经济发展面临全新的挑战。在当前金融科技快速发展并与产业跨界融合的时代背景下，网络化、数字化、智能化成为未来经济发展的重要方向，数字经济成为中国经济发展的新动能。商业银行亟须把握产业数字化背景下新供应链金融的时间窗口，批量化开发客户，规模化发展中小企业市场，创新金融产品与服务能力，改善资产质量及盈利能力，抓住产业数字化、数字产业化赋予的新机遇。

一直以来，由于核心企业处于传统供应链强势地位，往往在交货、价格、账期等贸易条件方面对上下游配套企业有较高要求，而上下游中小企业资产实力较弱、信用评级较低，往往难以从金融机构获得融资，因而容易造成资金链紧张，并可能触发供应链失衡。为了维护供应链的正常运作，供应链融资的"1+N"模式应运而生，即商业银行基于核心企业的信用和支付能力，以真实贸易为基础，为上下游中小企业提供融资服务。供应链金融改变了商业银行传统的获客和授信方式，从专注于单个企业转变为对整个供应链、产业链的开发与风险把控，扩大客源的同时也加强了对风险的控制。

近年来，以云计算、物联网、区块链、大数据和人工智能为代表的新兴科技迅猛发展，使供应链金融焕发出了新的生命力，商业银行供应链金融在多个产业、行业落地开花。各类新兴技术的发展为"新供应链金融"探索了有益的发展思路,并为基于供应链生态圈的企业发展注入了活力。商业银行新供应链金融发展路径可阐释如下。

一是运用大数据挖掘技术描绘企业间的交易链、刻画产业链、识别供应链。这一方面可批量化自动识别核心企业,不仅效率高、成本低,而且能够避免对潜在目标客户的遗漏;另一方面,有助于发现企业所处产业链、供应链中的上下游相关企业,并可以量化分析各企业在其交易网络中的地位和影响力,从而识别其中重要企业,并由此批量开发上下游企业客户。

二是引入区块链技术,拓展商业银行传统供应链金融业务的服务范围,将核心企业的应付账款承诺和信用在区块链网络中共享给需要融资的"边缘"中小企业。核心企业付款后,资金将按照智能合约的规则逐层自动化清算,银行具有良好的回款保障,降低了相关业务风险。

三是针对仓储相关融资业务,有效运用物联网技术,对仓储环境进行升级改造,实现对抵质押物的7天×24小时全天候、全方位、自动化、智能化监管,实时报告物品的体积、轮廓、重量、位置、移动等信息,使银行能够追踪并掌握物品当前状态,及时触发风险预警。

四是除对仓储环境进行升级改造外,还需对物流交通工具进行必要的升级改造。除可实时报告物品的基本信息外,还可报告温度、湿度、光感、烟感、震感等环境物理信息,并对所采集的物联网数据动态开展大数据分析,及时、智能、有效地识别和评估物品状态。

五是打通供应链金融与云计算、物联网、区块链、大数据和人工智能等技术应用,并全面接入内外部、结构性与非结构性的供应链、产业链生态圈信息数据。

简而言之，云计算、物联网、区块链、大数据和人工智能等新兴技术应用将为商业银行新供应链金融的长远发展和金融普惠提供有益借鉴，广泛拓展业务边界。在新供应链金融业务迎来蓬勃发展的当前时刻，葛经纬在本书中系统梳理了商业银行供应链金融业务脉络，指出了业务发展的核心关键，并为未来基于 FinTech（金融科技）的供应链金融发展开拓了空间。

王彦博

龙盈智达（北京）科技有限公司

首席数据科学家

序 二

在我写下这篇序的时候,新冠肺炎疫情正在全球肆虐。这一世界范围内的"黑天鹅"事件正在深刻地改变着世界,同时,也改变着既有的世界格局和经济行为。也有人说,疫情本身并没有改变世界,它只是加速了世界的改变。疫情改变了全球供应链体系,也给供应链金融提出了新的挑战。

一直以来,我都在思考供应链金融到底能为企业、银行乃至社会创造什么价值?

供应链金融的突出优势在于,借助供应链中的信息流,解决传统贷款中的信息不对称问题,了解企业的真实经营状况,降低信贷风险;通过对供应链中的货物流和现金流进行控制,为资金提供担保,形成以动产为基础的现代融资模式。

金融即资金的融通,旨在实现资金跨时空、高效率、低成本的配置,关注现金流并可以通过金融学方案将未来现金流变成今天可利用的财富。供应链金融正是这一思想的深刻体现。一方面,企业大量应收账款只形成账面利润,无法转化为现实的现金流,从而使企业因现金流中断无法经营甚至破产,金融机构以企业应收账款为还款来源对企业贷款,本质上就是将未来现金流变现;另一方面,供应链中核心企业的上下游企业往往规模较小、信用等级较低,因而要付出高昂的贷款成本,如果依托核心企业的信用，便可大大降低融资成本，实现高效、低成本的资金配置。

对企业来说，供应链金融的普遍应用能够解决企业资金占用问题，当现金流周转面临挑战时，供应链金融的介入能够扭转现金流周转慢的局面。供应链上游的中小企业供应商为了拥有大企业客户、扩大销售、实现利润，往往采取赊销形式，并因此形成大量应收账款，存在资金链断裂的风险。

在国际贸易中，卖方要利用自有流动资金进行采购、生产，出口到买方所在国，存在较大的时间差，如果没有融资渠道作支撑，将无法持续健康发展。供应链金融能够充分利用企业的应收账款，提升企业信誉度，减轻资金占用压力，保障企业资金链安全，为企业的逐步发展壮大奠定基础。

商业银行在经过"垒大户"的粗放经营模式后，也面临着转变发展方式、寻求新的利润增长点、提升竞争力的必然要求。

第一，中国银行业盈利结构单一，传统的存贷利差收入仍为主要利润来源。这种不可持续的盈利模式阻碍银行规模的扩张，限制竞争力的提升，决定银行业必须加快金融创新，开辟新的服务领域。开展供应链金融服务可以满足企业多样化金融产品需求，而满意度的提高反过来也会使中小企业成为商业银行的长期客户，带动银行其他业务成长，促进中国银行业可持续发展。

第二，中国银行业在我国经济体制改革过程中长期依赖大企业、大项目，但随着市场经济的纵深发展和银行业内竞争加剧，原有市场需求萎缩，众多国内商业银行将目光投向中小企业市场。但在传统的信贷体系下，中小企业因无法提供足够的抵押品，故难以取得较高的信用级别，进而无法获得优惠的贷款条件。加之一些商业银行自身风险控制能力不足，以致无法在中小企业市场中盈利。

供应链金融突破了传统信贷体系的局限。商业银行可以通过信用等级高的核心企业了解上下游中小企业的信用状况，避免信息不对称情况出现，进而对中小企业做出客观、公正的评价。在风险可控的前提下，实现盈利性、安全性、流动性的统一，在中小企业市场中抢占先机、实现利润。

第三，国际化是中国银行业发展的必然趋势，世界经济一体化推动了国际金融一体化的发展，金融市场的逐步开放使得大量外资银行涌入。国内商业银行要想参与国际市场的竞争，就必须提高金融服务水平、加快金融产品创新，顺应国际市场的需求。众多外资银行已积累了丰富的供应链金融服务经验，能够根据供应链的自身特点、上下游企业的贸易活动为中小企业、跨国贸易企业提供全面、丰富的金融服务，并针对企业需求不断进行金融创新，走差异化道路，形成特色服务品牌。供应链金融业务对于中国银行业形成竞争优势、走向国际化意义重大。

当下，我国拥有数量众多的中小企业，一直以来，中小企业融资难都是困扰小企业主、银行乃至监管机构和当地政府的难题。2008年国际金融危机后，国内外经济格局加速调整，国内经济持续升温，中小企业资金少、规模小、管理水平落后、抗风险能力低，营利水平极易随宏观经济波动。在现有的信用评级制度下，中小企业缺乏充足的抵押物，财务制度不健全，信用级别较低，难以获得银行贷款。同时，因资本市场不健全，故无法为中小企业上市融资提供良好平台，过高的门槛将众多优秀的中小企业拒之门外。供应链金融通过对应收账款等动产的灵活运用，开创了中小企业融资的崭新模式。在供应链金融中，银行关注整条供应链的风险水平、管理水平，而不是孤立地考察企业的资产规模、财务状况等指标，可避免信息不对称，进而全面真实地了解贷款企业信息。在核心企业资信水平较高、其上下游贸易活动稳定、中小企业可以提供动产质押的条件下，商业银行就可以进行授信，从而降低中小企业的融资成本，提高融资效率。

基于以上的一些想法，我结合自身专业和本职工作撰写本书，主要介绍一些行业中供应链金融的模式和供应链金融具体操作环节的法律风险点，以及对未来供应链金融的发展方向的一些思考。

全书共分为六章：第一章重点介绍供应链及供应链金融的发展和目前国家层面的相关政策；第二章重点介绍供应链金融在汽车行业的应用，特别是基于核心主机厂串联起上下游的融资模式的应用，其中，特别提到了目前在市场上已经具有一定应用规模的"中企云链"模式；第三章重点介绍在医药行业供应链金融解决方案；第四章重点介绍供应链金融在建筑行业的应用；第五、六章则在总结当前供应链金融实际应用中所涉及热点法律问题的基础上，结合目前出现的一些新趋势，如大数据应用、AI（人工智能）技术带来的远程应用，甚至区块链中去中心化思想的应用，大胆预测供应链金融未来的发展方向。

葛经纬

目 录

序一

序二

第一章 供应链金融的起源及发展 / 1

第一节 供应链金融起源 / 1

一、供应链的由来 / 1

二、供应链管理的兴起 / 2

三、供应链管理的发展 / 6

第二节 供应链金融 / 7

一、供应链金融的定义 / 7

二、供应链金融背景及发展历程 / 8

三、开展供应链金融的意义 / 14

第三节 我国供应链金融相关政策 / 16

一、《关于金融支持工业稳增长调结构增效益的若干意见》/ 17

二、《国内贸易流通" 十三五" 发展规划》/ 17

三、《关于金融支持制造强国建设的指导意见》/ 18

四、《小微企业应收账款融资专项行动工作方案（2017—2019 年)》/ 18

五、《关于积极推进供应链创新与应用的指导意见》/ 19

六、《关于开展供应链创新与应用试点的通知》/ 20

七、《关于加强金融服务民营企业的若干意见》/ 20

八、《关于推动供应链金融服务实体经济的指导意见》/ 21

九、《关于进一步做好供应链创新与应用试点工作的通知》/ 25

第二章 汽车行业供应链金融场景解决方案 / 27

第一节 行业特征 / 27

一、全球乘用车行业概况 / 27

二、中国乘用车行业概况 / 32

第二节 场景化供应链金融产品 / 35

一、核心企业——主机厂或其销售机构的融资模式 / 36

二、上游零部件供应商融资模式 / 36

三、下游经销商融资模式 / 39

四、融资租赁公司融资模式 / 53

第三节 风控审核要点 / 54

一、核心企业——主机厂风控要点 / 54

二、上游零部件供应商风控要点 / 54

三、下游经销商风控要点 / 55

第四节 典型案例分析 / 55

一、出险案例复盘 / 55

二、应用数据透视客户经营情况的案例 / 58

第五节 可延伸拓展行业 / 59

一、白酒行业 / 60

二、家电行业 / 61

第三章 医药行业供应链金融场景解决方案 / 63

第一节 行业特征 / 63

一、两票制 / 63

二、一致性评价 / 67

三、"4+7"带量采购 / 69

四、按疾病诊断相关分组（DRGs） / 73

第二节 场景化供应链金融产品 / 75

一、上游制药企业 / 75

二、中游医药流通企业或药械平台 / 76

三、下游医院或大型连锁药店 / 83

第三节 出险案例分析 / 84

一、出险案例介绍 / 84

二、启示 / 86

第四章 建筑行业供应链金融场景解决方案 / 88

第一节 行业特征 / 88

一、行业现状 / 88

二、行业发展趋势 / 92

第二节 场景化供应链金融产品 / 95

一、业务模式介绍 / 95

二、主要适用场景——以中企云链业务为例 / 99

第三节 风控审核要点 / 104

一、核心企业风控审核要点 / 104

二、供应商风控审核要点 / 104

三、合格应收账款风控审核要点 / 105

四、核心企业及平台系统风控审核要点 / 105

第五章 供应链金融业务相关法律问题 / 106

第一节 动产担保相关法律问题 / 107

一、动产质押 / 107

二、动产抵押 / 115

三、动产浮动抵押 / 118

四、动产融资的竞存 / 119

第二节 应收账款相关法律问题 / 120

一、应收账款质押与应收账款转让的异同 / 120

二、应收账款质押与应收账款转让的竞合 / 122

第三节 保证金账户质押常见法律问题 / 126

第六章 供应链金融未来发展方向 / 130

第一节 科技赋能供应链金融业务 / 131

一、科技蓬勃发展 / 131

二、政策层面大力支持 / 136

三、商业银行发展金融科技的基础和实力 / 137

第二节 科技赋能供应链金融业务 / 143

一、信息技术与金融业务深度融合，势不可挡 / 143

二、传统线下模式下，供应链金融领域风险事件频发 / 145

致谢 / 147

参考文献 / 148

第一章　供应链金融的起源及发展

第一节　供应链金融起源

一、供应链的由来

供应链这一概念虽然是在 20 世纪中晚期才被正式提出,但在此之前,就依稀见于彼得·德鲁克(Peter F. Drucker)的"经济链",而后经由迈克尔·波特(Michael E. Porter)发展成为"价值链",最终演变成为时下热门的"供应链"。

实际上,在德鲁克提出"经济链"之前,"供应链"早已深入人们社会生活的方方面面。从原材料供应商到生产商,再到分销商、零售商等,一件商品流转到终端用户手中,无不依赖供应链的串联。换言之,由原材料的获取到生产加工,再到最后通过销售渠道将成品送到用户手中,这一过程中涉及的所有企业组成的网络就是通俗意义上的供应链。

我们可以打个形象一点的比喻,如果整个生产体系构成了一棵枝叶繁茂的大树,那么原材料供应就是深埋于地下的发达根系,盘根错节、细小深入；头部生产企业，也就是我们常说的核心企业则构成主干，它将来自根部的养分转化，主干的粗细直接影响整个体系的强弱，主干的转化工作也是整个体系中最为关键的部分；代理及区域分销则组成了大树的枝丫，树枝延伸得越广，大树就越繁茂。

如果我们能透过这些表象看到内部，会发现信息、资金等这些类似营养的无形物质在根与根、枝与干之间流转、滋养、壮大着整个体系。如果说供应商、生产商等企业是整个供应链的节点，那么信息流、资金流和物流体系就是联接企业的网络，后者保证了"供应链"成"链"，而且"生生不息"。

所以，供应链的定义应该归纳为：在从原材料采购到产品最终实现使用价值的过程中，围绕核心企业，通过对信息流、资金流、物流的控制，将供应商、制造商、分销商、零售商，直到最终用户连成一个整体的功能网链模式。

二、供应链管理的兴起

供应链的概念被提出以后，人们越来越关注对供应链的管理，并有意识地加强对其中的各个节点及对串联其间的信息流、资金流的整合。

（一）全球一体化

自工业革命以来，人类的生产力发生了爆炸式发展，同时，由于地理大发现带来的全球化视野，使人们把目光投向了更为宽广的天地。一方面，全球范围内的产品种类日益丰富；另一方面，消费者拥有了极高的自由选择产品的权利。

毫无疑问，全球一体化的到来正加速改变人们的生活，同时也对供应链管理提出了更高的要求。例如，越来越多的大企业出于成本及风险的考量，都在进行全球化布局。就制造业而言，很多产品的研发、设计环节在如日本、新加坡等发达国家；原材料的供给和采购很大程度上会选择诸如中国、巴西等资源大国；零部件的生产通常会在菲律宾、印度尼西亚等劳动力成本相对低廉的国家；组装多会选择中国这种基础设施良好且具有丰富的制造业运营经验的国家。产品最终会贴上各国的"标签"行销世界各地。

由此可见，从原材料到最终产品，可能会直接或间接涉及数以百计的企业。即便是想本地化的企业，也会因资本的逐利特性而倒逼其进行全球化布局。不同的企业还需要应对不同地域、文化、政治环境和服务差异化的市场。再加上企业生产管理水平参差不齐，更高效、更精准的供应链管理成为横亘在每一个企业面前不可回避的挑战。

为适应这种复杂的环境，就要求供应链管理具备更高的敏感性和灵活性。因为一旦市场出现波动，而供应链管理无法快速反应，贻误时机，极小的问题可能形成"蝴蝶效应"，微量的波动在供应链环节中被层层放大，从而导致整个供应链的不稳定，影响价值产出。

（二）横向产业模式的发展

以 20 世纪 80 年代开始的个人计算机（PC）的研发与普及为例，PC 制造业的发展不仅让电子技术取得长足进步，还将世界带入信息时代，同时引发了全世界产业模式的巨大变革。但当时的 IBM 没有充分重视 PC 市场的战略地位，没有在该领域进行重要的战略布局，而仅仅是在制定了 PC 标准之后，就将属于 PC 核心技术的 CPU 及桌面操作系统的研发和生产分别外包给了英特尔（Intel）和微软（Microsoft）公司。在不到 10 年的时间里，英特尔和微软成为世界级的科技巨头，不仅垄断了市场，还成为行业标准的制定者。

IBM 被迫放弃长久以来形成的纵向产业模式。当 IBM 试图重返 CPU 及桌面操作系统的研发领域时，尽管其开发出 power 等芯片，但也没能在当时挽回颓势。IBM 在 20 世纪 70 年代"垄断一切"的辉煌就此落幕。经过这次战略失误后，IBM 终于意识到自己在桌面操作系统和芯片市场领域已不再具备独一无二的优势，便专心与英特尔和微软深化横向发展的产业模式。这一模式一直延续至今。

而与 IBM 同时代的苹果公司，虽然恪守垄断自身硬件和操作系统生产的准则，形成了自己独特的生态系统，但由于兼容性不足导致发展受限，直到其智能手机上市才再度走进大众视野，焕发生机。

同样的例子还发生在汽车产业领域。最早的汽车通常是由一家整车生产商生产全部零部件，换言之，一家汽车制造厂自己就可以完成一辆汽车从设计到销售的所有环节。随着各领域逐渐专业化，社会分工不断细化，汽车零部件的供应商开始脱离整车厂，并渐渐形成零部件制造业巨头。这种模式的变革正在整个世界范围内悄然进行，今天几乎不可能有一家企业可以控制整个供应链从源头到产品的所有环节，因为在每个环节中都会有企业占据核心优势，并通过横向发展，将这种优势慢慢扩大，直至形成垄断。资源集中也进一步推动这种优势能力发展。同时，现代供应链将由这些分别拥有核心优势能力的企业环环相扣组成，企业之间的联盟和协同效应正在形成，以支持并稳定这种链状结构。

（三）企业流程再造

多年前，美国 CSC 咨询顾问公司同麻省理工学院计算机系教授迈克尔·哈默共同编著了《企业流程再造工商管理革命宣言》一书。该书一针见血地点明了现今主流组织管理制度中的弊病——不同部门的分割管理和森严的等级制度。同时，他们还在书中阐述了 BPR（Business Process Re-engineering）的概念，即通过对企业战略、增值运营流程以及支撑它们的系统、政策、组织和结构的重组与优化达到工作流程和生产力最优化的目的，试图以此来打破部门间的门第之见，再塑企业流程。

进入 21 世纪，信息技术取得突飞猛进的发展，"信息爆炸"是这个时代鲜明的烙印。这个时代最大的革命性产物就是计算机网络的广泛应用，而这一颠覆性的变革带来的就是信息的广泛共享。人们逐渐认识到，之前企业管理中呈现出来的部门之间的割裂是数据资源和知识垄断所带来的权利的垄断造成的，而通过计算机技术变革而带来的信息共享，使得企业内部运作更加透明化，原来通过信息垄断而形成的壁垒被打破。

然而，早期的 BPR 项目在实施过程中，由于信息技术的变革还没有呈现爆发式发展，所以对组织管理变革的影响不大，从而造成项目失败。如今，信息技术的进步已经和 BPR 紧密联系，同时也说明，在社会产业模式横向发展和全球一体化的浪潮下，企业已经意识到自己是整个供应链的一个环节，只有在不断增强自己实力的同时巩固与上下游之间的协同关系，才能更好地生存。而这种关系必须建立在相互了解、相互配合的基础上，只有不断为对方输送价值，这种互惠互利的关系才能持续，并进入良性循环。2002 年，Champy 撰写的《企业 X 再造》在前述的基础上为企业外向型扩张中如何突破跨组织之间的各种桎梏提供方案。今天我们所研究的供应链管理，就脱胎于这种理论，这也是一次有效的实践行为。

三、供应链管理的发展

与传统的物流管理相比,供应链业务的发展使供应链管理(SCM)在诸如信息流、货物流、存货及风险等方面大有不同,从效果来看可以说是取得了非常显著的进步,而且这些进步使供应链管理较传统的物流管理更具优势。

由于现代供应链管理比传统的物流管理更具效率、更有竞争力,所以实施现代供应链管理是企业共同的选择,除此之外,供应链管理更兼顾了供应链成员的利益,从而更有效地推动了供应链管理的应用范围。不过,这一切的基础在于信息流在供应链各成员之间得以更好地流转,换言之,信息共享是保证供应链管理良好运行的基础。坦率地讲,对目标追求不尽相同的企业而言,能够做到信息分享开诚布公显然不是一件简单容易的事情。尤其是一家企业很可能与众多的竞争对手建立合作关系,在这种情况下,要实现信息共享确实非常困难。因此,供应链整合的成功就需要各节点企业在多方面达成一致:能够清楚地认识到最终客户需要什么样的服务水平;能够明确每个节点的存货量和存货位置;能够有效制订相应的制度,明确把供应链作为服务实体等。

首先,从物流及存货管理的角度看,在供应链管理中,存货不应该是固化不动的,而应该是在供应链成员之间进行流转,通过协调,使存货的成本最小化。传统的物流管理通常是把存货往后延或往前推,每个节点都尽量将自身的存货量压缩至最小。若要解决这个问题,那就要在供应链上的节点企业间建立信息共享机制,例如,上游应该获得下游的销售预期后再安排生产,下游企业应该适时了解上游供应商的原材料情况及未来走势，以制订自己的销售策略。通过这种方式就能够降低不确定性，并使存货维持在安全水平。

其次，从成本角度分析，供应链管理需要通过控制产成品最终成本来优化供应链。最终成本指的是产品从生产到终端用户手中产生的一切成本，其中包括但不限于采购成本、物流成本和存货成本等。而传统的物流管理还是局限于自身企业成本控制。

最后，风险控制和趋势规划是现代供应链管理显著区别于传统物流管理的另外两个方面。在现代供应链管理中，各节点企业应该共同承担风险防范义务和保持节奏统一，换言之，各节点企业应建立固定的沟通渠道和沟通频率。而传统的物流管理则仅仅将这两方面局限于各企业内部，一旦自身的风险控制和规划与外部甚至与市场相偏离，很可能使整个供应链系统发生阻塞，增加额外的成本，甚至威胁到整个供应链的稳定。

第二节　供应链金融

发展至今，金融服务作为扩大规模、提高运行效率的手段已经渗透进供应链的每个环节。

一、供应链金融的定义

简单地说，供应链金融就是银行依托核心企业，为串联在一起的上下游企业提供资金融通和增值服务的一种金融服务方案。打个形象的比喻，就是将资金作为一种催化剂和润滑剂，让其服务于整个供应链系统，使之变得更加灵活、更有效率。

以下辑录几个业界与学界较为典型的对供应链金融的定义。

（1）平安银行在国内最早系统性开展供应链金融业务，现任行长胡跃飞认为：供应链金融是指在对供应链内部的交易结构进行分析的基础上，运用自偿性贸易融资的信贷模型，引入核心企业、物流监管公司、资金流导引工具等新的风险控制变量，对供应链的不同节点提供封闭的授信支持及结算、理财等综合金融服务。

（2）时任中国银行行长陈四清在其主编的《贸易金融》一书中提到：供应链金融是贸易金融的创新领域，是面向供应链运作的全过程，应用各种集成式的产品与服务，通过信息共享、协调和组织合作等方法，集成物流、资金流和信息流，从而降低供应链资金运作成本，并为供应链创造价值的金融服务模式。简单地说，供应链金融就是银行将核心企业和上下游企业联系在一起，提供灵活运用的金融产品和服务的金融服务模式。

（3）中国社会科学院金融研究所和日本株式会社野村综合研究所进行了中外供应链金融比较研究，其研究报告认为：所谓供应链金融，在中国是指银行从整个产业链角度出发，开展综合授信，把供应链上相关企业作为一个整体，根据交易中构成的链条关系和行业特点设定融资方案，将资金注入供应链上的相关企业，提供灵活运用的金融产品和服务的一种融资模式。

二、供应链金融背景及发展历程

（一）背景

通常来说，一个商品要经历从原材料采购到零部件生产及组装再到最终产品，最后通过销售渠道把产品销售到消费者手中的过程，从而形成

"供应商—制造商—分销商—零售商—最终用户"这样一个整体。在整个供应链中，一般由业务规模较大、抗风险能力强的制造商作为核心企业，同时，因核心企业拥有强势地位，往往在交货、价格、账期等有关贸易结算方面对上下游配套企业要求比较苛刻，从而给非核心企业造成巨大的资金压力。同时，由于上下游非核心企业数量众多，且大多数都是中小企业，很难形成体量优势，难以从银行获得贷款，因此经常在资金链上"吃紧"，给生产经营带来了很大压力，也变相造成了供应链的失衡。

（二）国内发展状况

从大环境来看，我国供应链金融的发展有赖于改革开放带来的国内生产力的爆发，特别是制造业近40年来的高速发展使中国获得了"世界制造中心"的美誉，也因此吸引了越来越多的国际产业分工，我国一跃成为大量跨国企业供应链中的必选项。基于此，我国的供应链金融得到了发展基础。短短数十年时间，国内的供应链金融御风而起，从无到有，从小到大，在大发展的同时还有针对性地进行了本土化创新。

与国外的供应链金融发展轨迹相似，国内的供应链金融发展也得益于20世纪80年代后期国内物流业的快速发展。尤其是进入21世纪后，中国物流业经过兼并整合，网络效应和规模效应开始在现代物流企业中体现，而这些企业为了更好地适应市场、拓展业务版图，也纷纷强化了供应链的整体物流服务。2004年，物流创新大会召开，众多物流企业齐聚一堂，会议期间，与会代表畅所欲言，分别推选出未来国内物流行业的"四大创新领域"和"十大创新模式"，其中"物流与金融整合带来的商机"位居四大创新领域之首，而"存货抵押融资运作模式""物流融资运作模式""仓储物流融资运作模式及其关键技术创新"分别位居十大创新模式的第1

位、第3位和第4位。

2005年，当时的深圳发展银行率先将供应链金融作为发展战略并先后与当时国内的三大物流企业——中国对外贸易运输（集团）总公司、中国物资储运总公司和中国远洋物流有限公司签署了"总对总"战略合作协议（一般指双方在总公司层面签署的战略性协议）。深圳发展银行强势入局一年后，在上述战略框架下，供应链上的数百家中小企业获得了融资，有力地保障了供应链活力。这一协议惠及了中小企业，成为当时银行业的典范。此后，深圳发展银行将供应链金融产品做成品牌进行全行业推广，并命名为"1+N"供应链融资模式。据不完全统计，仅2005年，深圳发展银行供应链金融业务规模达2500亿元，并创造了约25%的利润，而不良贷款率仅为0.57%。

随后，不少中小型商业银行也推出了各具特色的供应链金融服务，如中信银行的"银贸通"、中国民生银行的"贸易金融"、上海浦东发展银行的"浦发创富"、兴业银行的"金芝麻"等。

1. 我国供应链金融发展的3个阶段

业内普遍认为，中国的供应链金融发展至今大体上经历了3个阶段。

（1）1.0时代：线下"1+N"，核心企业+多家上下游企业。在互联网技术还未开启的时代，金融机构根据核心企业"1"的信用支撑，以完成对核心企业提供服务的中小微型企业"N"的融资授信支持。但此时融资服务受诸多因素影响，如金融机构对存货数量的真实性不好把控，较难核实重复抵押的行为，操作风险频发等。

（2）2.0时代：线上"1+N"，核心企业数据+多家上下游企业。这一阶段将传统的线下供应链金融搬到了线上，让核心企业"1"的数据和金融机构完成对接,从而让金融机构随时能获取核心企业和产业链上下游企业的仓储、付款等各种经营信息。有了互联网技术的支持,线上供应链金融能够高效地完成多方在线协同,提高了作业效率。虽然已经取得了核心数据的支持,但这种大数据只涉及关键的核心企业,对其上下游中小企业的控制力不足,对真正借款的中小企业尚不能获得实际的数据收集和掌控。

(3)3.0时代:线上"N+N",核心企业+多家上下游企业+全数据电商云服务。平台的搭建颠覆了过往以融资为核心的供应链模式,转为以企业的交易过程为核心,出现了货物质押之外的方式,通过在企业交易过程中对应收账款的质押等方式,金融机构要搭建一个服务平台,让中小企业的订单、运单、收单、融资、仓储等经营性行为都完整呈现在系统中,同时引入物流、第三方信息等企业,搭建服务平台,为企业提供配套服务。在这个系统中,核心企业起到了增信(信用增进)的作用,使各种交易数据更加可信。并且还有更多的关联企业参与进来,都试图凭借自己的优势构建服务整个供应链上的平台,这也是目前供应链金融形式多样的原因。

2. 国内供应链金融发展的特点

综合来说,现阶段国内供应链金融蓬勃发展中呈现出以下特点。

(1)受制于地域限制,国内供应链金融的发展并不均衡。沿海地区受惠于交通便利,较早开展对外贸易,外向型经济特征尤为明显,所以供应链发展程度较高,接受度较强,模式创新也比较多。内陆地区则多以资源型经济为主,经济发展模式相对粗放,所以供应链金融发展还停留在粗浅层次,需要更多培养。

(2)健全法制建设,为供应链金融提供法律保障。近年来,我国大力加强法制建设,特别是《中华人民共和国物权法》(以下简称《物权法》)等法律条文的出台为开展供应链金融提供了有力的法律保障。但是,长久以来法治观念的薄弱还是导致商品物权及其在抵质押操作环节的混乱。同时,我国社会信用体系建设还有待加强,否则将在一定程度上制约供应链金融业务的发展,从而加大操作风险。

(三)国外发展状况

供应链金融运作的核心必然是基于核心企业同时着眼于整体。供应链中的物流是资金流可以依附的实物载体,因此,供应链金融中依托存货进行质押融资业务是供应链金融的基础模式。没有存货的流动,基于应收账款和预付账款的供应链融资模式也就无从谈起。可以说,供应链中的物流是供应链金融业务得以开展的基础。

美国等西方发达国家在供应链金融领域是与其他金融业务同时开展的,经过前后两百多年的创新和发展,形成了现代供应链金融。西方供应链金融的发展大致可以分为3个阶段。

(1)阶段一:19世纪中期之前。在这个阶段,供应链金融的业务模式非常单一,甚至可以说是粗糙,其主要是进行存货抵质押类型的贷款业务。例如,早在19世纪初的俄国沙皇时期,农民在丰收季节看到谷物的市场价格低于正常水平时,便将谷物进行抵押,从银行获取贷款,用这笔钱进行后续的生产和生活;待谷物的市场价格回升,农民会选择卖出谷物归还银行本金和利息。通过金融杠杆,农民可以避开"谷贱伤农",获得比收割时节直接卖出谷物更高的利润。

(2)阶段二:19世纪中期至20世纪70年代。在这个阶段,供应链金融业务开始进入发展时代，供应链金融变得日渐丰富，以应收账款为切入点的保付代理（以下简称"保理"）业务开始出现。但在一开始，这种保理业务经常被金融机构运用在一些流动性出现问题的企业身上，这就使其带有"趁火打劫"的性质。具体做法是，金融机构与资产评估机构合谋，故意压低应收账款和存货。这种恶意的金融剥削愈演愈烈，对市场的伤害也越来越大，不仅使市场陷入严重混乱，还引发了企业和相当一部分金融机构的不满和抗议。为了整顿市场，更好地促进供应链金融的发展，在20世纪50年代，美国出台了《统一商法典》，其中，对银行等金融机构如何开展存货抵质押融资作出明确的规定。由此，供应链金融逐渐步入健康发展轨道，但这一阶段，供应链金融业务仍以"存货融资为主，应收账款为辅"。

（3）阶段三：20世纪80年代至今。在这个阶段，供应链金融业务开始进入繁荣阶段，出现了预付款融资等多种融资模式，以及相应的结算方式和保险等融资产品。这要归功于物流业的高度集中和供应链理论的发展。在20世纪80年代后期，国际上主要的物流业务逐渐被少数几家控制并形成垄断，UPS、联邦快递和德国铁路物流等一些大型的专业物流巨无霸开始形成。

伴随全球化的发展，全球供应链应运而生，很多物流企业更是通过其纽带作用深入到众多跨国企业的供应链体系中。与银行相比，物流企业掌握着物流信息，能够更直观地"看到"供应链运作信息。通过与银行的合作，物流企业能够深度参与供应链融资业务，同时，除了在提供产品仓储、运输等基础性物流服务中当仁不让外，还可以为银行和中小企业提供质物评估、监管、处置及信用担保等附加服务，为其自身创造了巨大的新的业绩增长空间，也为银行等金融机构提供更多的客户。

在这个阶段，国外供应链金融发展开始形成"物流为主、金融为辅"的理念，供应链金融因物流企业的深入参与获得了快速的发展。

三、开展供应链金融的意义

在"供应链金融"的融资模式下，处在供应链上的企业一旦能够获得银行的支持，获得珍贵的"血液"——资金的注入，就等于在供应链中获得了生存的保障。金融机构通过资金融通这一"润滑剂"也促使整个链条运行得更有效率；而借助银行等金融机构的支持，围绕核心企业存在的众多中小企业就赢得了更多发展机会。

（一）开展供应链金融业务对商业银行的意义

1. 有利于获得更多客户

一个供应链中企业众多，银行可以链条式开发新的客户群体，并在业务合作过程中培育更多优质客户。

2. 有利于获取更多信息，摆脱对财务报表的过度依赖

供应链金融业务往往紧密围绕核心企业与链上客户的具体业务开展，故银行可以获取更多订单数据、物流数据、应收/应付数据、支付数据等。数据即是价值，随着积累的数据数量和维度越来越多，银行可以更有效地利用交易及经营数据开展大数据分析工作，而不再单纯依赖财务报表判断企业风险。

3. 有利于动态调整授信策略

在供应链金融业务中，银行深入参与整个交易体系，能实时动态掌握链上企业合作及经营情况，对及时预判企业风险、动态调整授信策略提供

有利支持。

4. 有利于提高银行金融服务水平，巩固银企合作

在供应链金融运作过程中，由于银行可以灵活选取企业运作过程中的各个步骤进行评估，所以可以针对企业运作流程各个环节的具体金融服务需求提供服务方案。同时，银行由单纯的资金提供者变为全面了解企业、为企业提供全方位金融服务的合作方，从而利用自身的信息优势和风险控制手段，帮助企业改善经营并巩固供应链建设，在降低企业经营风险的同时，减少银行信贷风险，并由此更加巩固银企合作关系。

（二）开展供应链融资业务对核心企业的意义

1. 有利于压缩自身融资规模

在供应链金融业务中，核心企业通过自身信用给上下游企业增信（如对上游供应商的应收账款进行确权，对下游提供差额回购责任等），可以将融资转嫁至上下游企业，减少自身刚性负债规模，降低成本。

2. 有利于适当延长自身付款周期

在应收款类供应链金融业务中，若商务合同中约定的付款周期为3个月，而银行提供应收账款质押或保理融资的单笔业务期限可为半年或一年，则核心企业可利用银行资金期限延长自身付款周期，减小资金压力。

3. 有利于整个供应链体系健康发展

核心企业是供应链金融业务的灵魂，银行开展供应链金融多是围绕核心企业展开。核心企业参与其中，一方面可以通过实现"低成本融资"甚至"零成本融资"直接获利，推动自身发展；另一方面可以通过帮助上下游中小微企业取得银行贷款，缓解资金压力，进而促进整个供应链链条健康发展。

(三)开展供应链融资业务对上下游企业的意义

上下游企业开展供应链金融业务有利于解决中小企业融资困境。在供应链金融运作中,供应链融资模式通过"巧用核心企业信用,盘活企业存货,用活应收账款"三大路径,化解中小企业"信用弱、周转资金缺乏、应收账款回收慢、贷款担保难"四大融资障碍,从而有助于解决中小企业融资困境。

综上可见,开展供应链金融业务是三方共赢的明智选择。

第三节 我国供应链金融相关政策

近年来,供应链金融蓬勃发展,得到了国家政策方面的大力支持,国务院各部委出台一系列政策文件。具体政策如表1-1所示。

表1-1 2016—2020年有关供应链金融文件表

发布时间	发文单位	文件名称
2016年2月16日	中国人民银行等八部委联合发布	《关于金融支持工业稳增长调结构增效益的若干意见》
2016年11月11日	商务部等十部门联合发布	《国内贸易流通"十三五"发展规划》
2017年3月28日	中国人民银行等五部门联合印发	《关于金融支持制造强国建设的指导意见》
2017年5月18日	中国人民银行等七部委联合印发	《小微企业应收账款融资专项行动工作方案(2017—2019年)》
2017年10月13日	国务院办公厅印发	《关于积极推进供应链创新与应用的指导意见》

（续）

发布时间	发文单位	文件名称
2018年4月10日	商务部等八部门联合印发	《关于开展供应链创新与应用试点的通知》
2019年2月14日	中共中央办公厅、国务院办公厅	《关于加强金融服务民营企业的若干意见》
2019年7月6日	中国银行保险监督管理委员会发布	《关于推动供应链金融服务实体经济的指导意见》
2020年4月10日	商务部等八部门联合印发	《关于进一步做好供应链创新与应用试点工作的通知》

一、《关于金融支持工业稳增长调结构增效益的若干意见》

2016年2月16日，中国人民银行、国家发展和改革委员会、工业和信息化部等八部委联合发布《关于金融支持工业稳增长调结构增效益的若干意见》，其中专门提及："大力发展应收账款融资。加强动产融资统一登记系统建设，改进完善应收账款质押和转让、特许经营权项下收益权质押、合同能源管理未来收益权质押、融资租赁、保证金质押、存货和仓单质押等登记服务。推动更多供应链加入应收账款质押融资服务平台，支持商业银行进一步扩大应收账款质押融资规模。建立应收账款交易机制，解决大企业拖欠中小微企业资金问题。推动大企业和政府采购主体积极确认应收账款，帮助中小企业供应商融资。"

二、《国内贸易流通"十三五"发展规划》

2016年11月11日，商务部、国家发展和改革委员会、工业和信息化部等十部门联合发布《国内贸易流通"十三五"发展规划》（商建发

〔2016〕430号），明确提出"稳步推广供应链金融"。

三、《关于金融支持制造强国建设的指导意见》

2017年3月28日，中国人民银行、工业和信息化部、中国银行业监督管理委员会、中国证券监督管理委员会、中国保险监督管理委员会联合下发《关于金融支持制造强国建设的指导意见》（银发〔2017〕58号），该意见提出："大力发展产业链金融产品和服务。鼓励金融机构依托制造业产业链核心企业，积极开展仓单质押贷款、应收账款质押贷款、票据贴现、保理、国际国内信用证等各种形式的产业链金融业务，有效满足产业链上下游企业的融资需求。充分发挥人民银行应收账款融资服务平台的公共服务功能，降低银企对接成本。鼓励制造业核心企业、金融机构与人民银行应收账款融资服务平台进行对接，开发全流程、高效率的线上应收账款融资模式。研究推动制造业核心企业在银行间市场注册发行供应链融资票据。"

四、《小微企业应收账款融资专项行动工作方案（2017—2019年）》

2017年5月18日，中国人民银行、工业和信息化部、财政部、商务部、国务院国有资产监督管理委员会、中国银行业监督管理委员会、国家外汇管理局联合印发《小微企业应收账款融资专项行动工作方案（2017—2019年）》，明确总体思路为"全面贯彻落实国务院关于金融支持小微企业健康发展的政策措施，围绕大众创业、万众创新，充分发挥应收账款融资服务平台等金融基础设施作用，推动供应链核心企业支持小微企业应收账款融资，引导金融机构和其他融资服务机构扩大应收账款融资业务规模，构建供应链上下游企业互信互惠、协同发展生态环境，优化商业信用环境，促进金融与实体经济良性互动发展"。同时提出六大主要任务：

开展应收账款融资宣传推广活动；

支持政府采购供应商依法依规开展融资；

发挥供应链核心企业引领作用；

优化金融机构等资金提供方应收账款融资业务流程；

推进应收账款质押和转让登记；

优化企业商业信用环境。

五、《关于积极推进供应链创新与应用的指导意见》

2017年10月13日，国务院办公厅印发《关于积极推进供应链创新与应用的指导意见》（国办发〔2017〕84号），明确提出"积极稳妥发展供应链金融"具体内容如下：

（1）推动供应链金融服务实体经济。推动全国和地方信用信息共享平台、商业银行、供应链核心企业等开放共享信息。鼓励商业银行、供应链核心企业等建立供应链金融服务平台，为供应链上下游中小微企业提供高效便捷的融资渠道。鼓励供应链核心企业、金融机构与中国人民银行征信中心建设的应收账款融资服务平台对接，发展线上应收账款融资等供应链金融模式。

（2）有效防范供应链金融风险。推动金融机构、供应链核心企业建立债项评级和主体评级相结合的风险控制体系，加强供应链大数据分析和应用，确保借贷资金基于真实交易。加强对供应链金融的风险监控，提高金融机构事中事后风险管理水平，确保资金流向实体经济。健全供应链金融担保、抵押、质押机制，鼓励依托中国人民银行征信中心建设的动产融资统一登记系统开展应收账款及其他动产融资质押和转让登记，防止重复质押和空单质押，推动供应链金融健康稳定发展。

六、《关于开展供应链创新与应用试点的通知》

2018年4月10日，商务部、工业和信息化部、生态环境部、农业农村部、中国人民银行、国家市场监督管理总局、中国银行保险监督管理委员会、中国物流与采购联合会联合印发《关于开展供应链创新与应用试点的通知》（商建函〔2018〕142号），明确提出："规范发展供应链金融服务实体经济。推动供应链核心企业与商业银行、相关企业等开展合作，创新供应链金融服务模式，发挥上海票据交易所、中征应收账款融资服务平台和动产融资统一登记公示系统等金融基础设施作用，在有效防范风险的基础上，积极稳妥开展供应链金融业务，为资金进入实体经济提供安全通道，为符合条件的中小微企业提供成本相对较低、高效快捷的金融服务。推动政府、银行与核心企业加强系统互联互通和数据共享，加强供应链金融监管，打击融资性贸易、恶意重复抵质押、恶意转让质物等违法行为，建立失信企业惩戒机制，推动供应链金融市场规范运行，确保资金流向实体经济。"

七、《关于加强金融服务民营企业的若干意见》

2019年2月14日，中共中央办公厅、国务院办公厅印发《关于加强金融服务民营企业的若干意见》（中办发〔2019〕6号），明确要求"商业银行要依托产业链核心企业信用、真实交易背景和物流、信息流、资金流闭环，为上下游企业提供无需抵押担保的订单融资、应收应付账款融资。"

八、《关于推动供应链金融服务实体经济的指导意见》

2019年7月6日，中国银行保险监督管理委员会发布《关于推动供应链金融服务实体经济的指导意见》（银保监办发〔2019〕155号）。此文为国家首次就供应链金融专门发文，意义重大。

（一）总体要求

"银行保险机构应依托供应链核心企业，基于核心企业与上下游链条企业之间的真实交易，整合物流、信息流、资金流等各类信息，为供应链上下游链条企业提供融资、结算、现金管理等一揽子综合金融服务。"

（二）基本原则

"一是坚持精准金融服务，以市场需求为导向，重点支持符合国家产业政策方向、主业集中于实体经济、技术先进、有市场竞争力的产业链链条企业。二是坚持交易背景真实，严防虚假交易、非法获利现象。三是坚持交易信息可得，确保直接获取第一手的原始交易信息和数据。四是坚持全面管控风险，既要关注核心企业的风险变化，也要监测上下游链条企业的风险。"

（三）规范创新供应链金融模式的步骤

1. 提供全产业链金融服务

"鼓励银行业金融机构在充分保障客户信息安全的前提下，将金融服务向上游供应前端和下游消费终端延伸，提供覆盖全产业链的金融服务。应根据产业链特点和各交易环节融资需求，量身定制供应链综合金融服务方案。"

2. 依托核心企业

"鼓励银行业金融机构加强与供应链核心企业的合作，推动核心企业为上下游链条企业增信或向银行提供有效信息，实现全产业链协同健康发展。对于上游企业供应链融资业务，推动核心企业将账款直接付款至专户。对于下游企业供应链融资业务，推动核心企业协助银行整合"三流"信息，并合理承担担保、回购、差额补足等责任。"

3. 创新发展在线业务

"鼓励银行业金融机构在依法合规、信息交互充分、风险管控有效的基础上，运用互联网、物联网、区块链、生物识别、人工智能等技术，与核心企业等合作搭建服务上下游链条企业的供应链金融服务平台，完善风控技术和模型，创新发展在线金融产品和服务，实施在线审批和放款，更好地满足企业融资需求。"

4. 优化结算业务

"银行业金融机构应根据供应链上下游链条企业的行业结算特点，以及不同交易环节的结算需求，拓展符合企业实际的支付结算和现金管理服务，提升供应链支付结算效率。"

5. 发展保险业务

"保险机构应根据供应链发展特点，在供应链融资业务中稳妥开展各类信用保证保险业务，为上下游链条企业获取融资提供增信支持。"

6. 加强小微民营企业金融服务

"鼓励银行保险机构加强对供应链上下游小微企业、民营企业的金融支持，提高金融服务的覆盖面、可得性和便利性，合理确定贷款期限，努力降低企业融资成本。"

7. 加强"三农"金融服务

"鼓励银行保险机构开展农业供应链金融服务和创新,支持订单农户参加农业保险,将金融服务延伸至种植户、养殖户等终端农户,以核心企业带动农村企业和农户发展,促进乡村振兴。"

(四)完善供应链金融业务管理体系的步骤

1. 加强业务集中管理

"鼓励银行保险机构成立供应链金融业务管理部门(中心),加强供应链金融业务的集中统一管理,统筹推进供应链金融业务创新发展,加快培育专业人才队伍。"

2. 合理配置供应链融资额度

"银行业金融机构应合理核定供应链核心企业、上下游链条企业的授信额度,基于供应链上下游交易情况,对不同主体分别实施额度管理,满足供应链有效融资需求。其中,对于由核心企业承担最终偿付责任的供应链融资业务,应全额纳入核心企业授信进行统一管理,并遵守大额风险暴露的相关监管要求。"

3. 实施差别化信贷管理

"在有效控制风险的前提下,银行业金融机构可根据在线供应链金融业务的特点,制定有针对性的信贷管理办法,通过在线审核交易单据确保交易真实性,通过与供应链核心企业、全国和地方信用信息共享平台等机构的信息共享,依托工商、税务、司法、征信等数据,采取在线信息分析与线下抽查相结合的方式,开展贷款"三查"(贷前调查、贷时审查和贷后检查)工作。"

4. 完善激励约束机制

"银行保险机构应健全供应链金融业务激励约束及容错纠错机制,科学设置考核指标体系。对于供应链上下游小微企业贷款,应落实好不良贷款容忍度、尽职免责等政策。"

5. 推动银保合作

"支持银行业金融机构和保险机构加强沟通协商,在客户拓展、系统开发、信息共享、业务培训、欠款追偿等多个环节开展合作。协同加强全面风险管理,共同防范骗贷骗赔风险。"

(五) 加强供应链金融风险管控具体步骤

1. 加强总体风险管控

"银行业金融机构应建立健全面向供应链金融全链条的风险控制体系,根据供应链金融业务特点,提高事前、事中、事后各个环节的风险管理针对性和有效性,确保资金流向实体经济。"

2. 加强核心企业风险管理

"银行业金融机构应加强对核心企业经营状况、核心企业与上下游链条企业交易情况的监控,分析供应链历史交易记录,加强对物流、信息流、资金流和第三方数据等信息的跟踪管理。银行保险机构应明确核心企业准入标准和名单动态管理机制,加强对核心企业所处行业发展前景的研判,及时开展风险预警、核查与处置。"

3. 加强真实性审查

"银行业金融机构在开展供应链融资业务时,应对交易真实性和合理性进行尽职审核与专业判断。鼓励银行保险机构将物联网、区块链等新技术嵌入交易环节，运用移动感知视频、电子围栏、卫星定位、无线射频识别等技术，对物流及库存商品实施远程监测，提升智能风控水平。"

4. 加强合规管理

"银行保险机构应加强供应链金融业务的合规管理，切实按照回归本源、专注主业的要求，合规审慎开展业务创新，禁止借金融创新之名违法违规展业或变相开办未经许可的业务。不得借供应链金融之名搭建提供撮合和报价等中介服务的多边资产交易平台。"

5. 加强信息科技系统建设

"银行保险机构应加强信息科技系统建设，鼓励开发供应链金融专项信息科技系统，加强运维管理，保障数据安全，借助系统提升风控技术和能力。"

6. 优化供应链金融发展的外部环境

具体包括加强产品推介、促进行业交流、提高监管有效性等内容。

九、《关于进一步做好供应链创新与应用试点工作的通知》

2020年4月10日，商务部、工业和信息化部、生态环境部、农业农村部、中国人民银行、国家市场监督管理总局、中国银行保险监督管理委员会、中国物流与采购联合会联合印发《关于进一步做好供应链创新与应用试点工作的通知》（商建函〔2020〕111号），明确指出："充分利用供应链金融服务实体企业。支持试点企业基于真实交易场景，根据需要开展应收账款、仓单和存货质押和预付款融资。提高企业应收账款的透明度和标准化，持票企业可通过贴现、标准化票据融资。银行业金融机构要加强与供应链核心企业合作，支持核心企业通过信贷、债权等方式融资，用于向中小企业支付现金，降低中小企业流动性压力和融资成本。鼓励有条件的银行业金融机构应用金融科技，加强与供应链核心企业、政府部门相关系统对接，推动供应链上的资金、信息、物流等数字化和可控化，为链上的客户提供方便快捷的供应链融资服务。金融机构要创新供应链风险识别和风险管理机制，建立基于核心企业、真实交易行为、上下游企业一体化的风险评估体系，提升金融供给能力，快速响应企业的结算、融资和财务管理需求。金融机构规范开展供应链相关的资产证券化、提供资管产品等表外融资服务，应强化信息披露和投资者适当性管理，加强投资者保护，警惕虚增、虚构应收账款行为。"

第二章　汽车行业供应链金融场景解决方案

第一节　行业特征

一、全球乘用车行业概况

（一）全球汽车销售情况

纵观近十几年世界乘用车市场的销量变化情况，变化趋势大致如下：2009—2017 年销量逐年攀升；2018 年出现十年来的首次负增长，但下滑幅度不大，仅为1%；2019 年继续下探，降幅为3%。全球各主要地区乘用车销量走势如图2-1 所示。

（1）从销量绝对值看，自 2010 年开始，中国市场销量便持续位列世界第1，其次分别为北美洲、欧洲及亚洲其他地区。

（2）中国乘用车销量占比逐年提升，且中国销量对全球销量影响较大。2012—2018 年，全球销量的提升主要得益于中国市场销量的逐年提

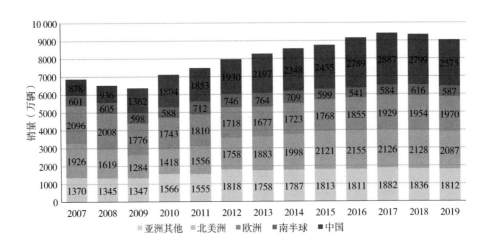

图 2-1　2007—2019 年世界乘用车销量图

升；2018 年和 2019 年，中国市场销量连续两年下滑，全球销量亦随之下滑。

（3）除中国外的其他各主要地区近几年整体销量基本平稳。

（二）主要国家汽车销售情况

1. 美国市场

美国乘用车销量在 2015 年到达峰值后，2016—2019 年呈现逐年下滑趋势；2009—2019 年，美国货车销量持续向好。货车销量能与乘用车销量相媲美，极具美国特色。如图 2-2 所示。

2. 日本市场

日本乘用车销量呈现年度小幅震荡，但整体相对稳定的态势；与乘用车销量相比，货车销量较小，但近 10 年销量基本稳定。如图 2-3 所示。

3. 德国市场

德国乘用车销量在 2009 年达到一个峰值，此后 4 年有所回落，但从

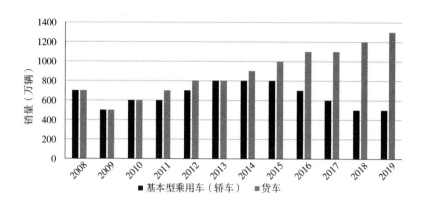

图 2-2　美国 2008—2019 年汽车销量

（数据来源：WardsAuto）

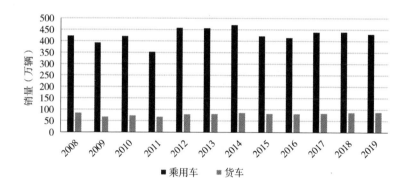

图 2-3　日本 2008—2019 年汽车销量

（数据来源：日本自动车工业协会）

2014 年开始又呈现稳定上升趋势；商用车销量较小，近 10 年基本稳定。如图 2-4 所示。

（三）世界主要汽车品牌销售情况

2019 年前十大汽车制造商中：

日本有 3 家，占全球汽车销售市场份额 27.9%，其中丰田排名第 2

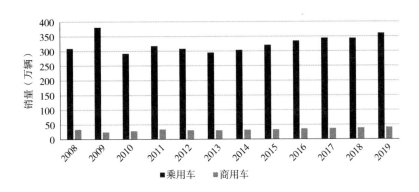

图 2-4　德国 2008—2019 年汽车销量

(数据来源：WardsAuto)

(销量同比上升 2.2%)、雷诺日产联盟排名第 3（销量同比下滑 5.9%）、本田排名第 7（销量同比小幅下滑 0.5%）；

德国有 2 家，占全球汽车销售市场份额 15.3%，其中大众排名第 1（销量同比小幅下滑 1.0%）、戴姆勒排名第 10（销量同比上升 3.3%）；

美国有 2 家，占全球汽车销售市场份额 14.9%，其中通用排名第四（销量同比大幅下滑 10.7%）、福特排名第 6（销量同比大幅下滑 7.7%）；

韩国有 1 家，占全球汽车销售市场份额 8.5%，现代起亚排名第 5（销量同比下滑 1.1%）；

意大利有 1 家，占全球汽车销售市场份额 5.1%，菲亚特克莱斯勒排名第 8（销量同比下滑 3.3%）；

法国有 1 家，占全球汽车销售市场份额 3.7%，标致雪铁龙排名第 9（销量同比大幅下滑 9.1%）。

具体排名情况及市场表现如表 2-1 所示。

表 2-1 2019 年全球汽车制造商销量排行 Top10

排名	企业名称	2019 年销量（辆）	同期增长（%）	市场份额（%）
1	大众	10 336 495	-1.0	12.2
2	丰田	9 698 609	2.2	11.4
3	雷诺日产联盟	9 222 665	-5.9	10.8
4	通用	7 744 714	-10.7	9.1
5	现代起亚	7 203 538	-1.1	8.5
6	福特	4 901 247	-7.7	5.8
7	本田	4 826 223	-0.5	5.7
8	菲亚特克莱斯勒	4 360 186	-3.8	5.1
9	标致雪铁龙	3 176 473	-9.1	3.7
10	戴姆勒	2 623 037	3.3	3.1

上述排名中，对前四大汽车制造商销量涨跌具体分析如下：

1. 大众集团

大众集团虽在 2019 年销量下滑 1%，但其依然连续 4 年蝉联全球销量冠军，市场份额达 12.2%。中国是大众集团最大的单一出口市场，2019 年，大众集团在中国市场的销量为 423 万辆，同比增长 0.6%，即中国人购买了大众集团近四成的汽车。

2. 丰田集团

丰田集团多年来全球销量一直排名第 2，2019 年，同比增长达到 2.2%，市场占有份额为 11.4%，略逊于大众集团。2019 年，丰田集团在中国市场的销售为 162 万辆，同比逆势增长 9%，但中国市场销量仅占丰田集团全球销量的 15%，故如果丰田集团在中国市场继续发力，则其全球销量有望进一步突破。

3. 雷诺日产联盟

排名第 3 的雷诺日产联盟自收购三菱后，一直有着冲击全球第一汽车集团的雄心壮志。但遗憾的是，2019 年，其管理层发生了极大变动，甚至有联盟解体的传言，对其经营造成了极大的负面影响。雷诺日产联盟 2019 年全球销量为 922.2 万辆，同比下滑 5.9%。若雷诺日产联盟管理层问题迟迟无法解决，则其今后的销量可能会更加不确定。

4. 通用集团

2019 年，美国通用集团销量同比大幅下滑了 10.7%，是上榜 10 家车企中唯一一个下滑幅度超过 10% 的企业。2019 年，通用集团在中国市场的销量为 146 万辆，其中，别克品牌为 83 万辆，同比下滑 19%；雪佛兰品牌为 41 万辆，同比下滑 24%；凯迪拉克品牌为 21 万辆，与上年基本持平。有观点认为，通用集团之所以下滑如此严重，与其执意大面积推广三缸发动机有关。

二、中国乘用车行业概况

中国汽车行业真正开始发展是在 20 世纪 90 年代，主要借助于汽车金融行业的发展：1993 年，北方兵工汽贸公司率先提出分期贷款购车的概念，1998 年中国人民银行出台《汽车消费贷款管理办法（试点办法）》之后，中国汽车消费贷款额以年均 200% 以上的速度迅猛增长。2009—2019 年，中国已连续 10 年雄踞全球汽车产销量榜首。

（一）乘用车销量情况

2017 年之前，中国乘用车销量持续走高，在 2017 年达到峰值；2018

年首次出现下滑；2019 年，受"国五"换"国六"[一]、新能源车补贴退坡等多重因素影响，汽车销量进一步下滑；2020 年第一季度，受新冠疫情影响更是同比大幅下滑。但中国汽车市场整体体量较大，在近期部分政策调整后（如"国五"换"国六"期限延长、新能源补贴幅度减小等），后续仍有提升的可能。如图 2-5 所示。

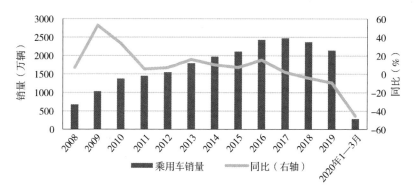

图 2-5　中国 2008—2020 年乘用车销量

（数据来源：中国汽车工业数据网）

（二）千人汽车保有量情况

2019 年，中国每千人汽车保有量达到 185.7 辆，但与发达国家相比，仍相去甚远。世界银行发布的 2019 年各国千人汽车拥有量数据显示：美国 837 辆、澳大利亚 747 辆、意大利 695 辆、加拿大 670 辆、日本 591 辆、德国 589 辆、英国 579 辆、法国 569 辆、马来西亚 433 辆、俄罗斯 373 辆，而中国仅排名第 17 位。可见中国汽车市场仍有很大发展空间。2007—2019 年中国每千人汽车保有量如图 2-6 所示。

[一]　国家第六阶段机动车污染物排放标准替换国家第五阶段机动车污染物排放标准。

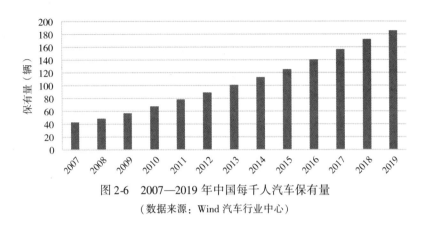

图 2-6　2007—2019 年中国每千人汽车保有量

（数据来源：Wind 汽车行业中心）

（三）经销商库存指数情况

根据国际同行业（经销商行业）通行的惯例，库存系数⊖在 0.8～1.2 之间，是库存合理范围；库存系数＞1.5，反映库存达到警戒水平，需要关注；库存系数＞2.5，反映库存过高，经营压力和风险都非常大。除 2020 年第一季度，受新冠疫情影响经销商库存飙升至 6.33 外，国内经销商近年整体库存指数保持在 1.35～1.73 之间，相对风险可控。如图 2-7 所示。

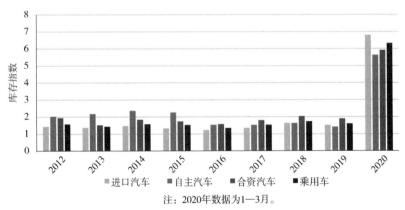

注：2020年数据为1—3月。

图 2-7　2012—2020 年国内经销商月均库存指数

（数据来源：中国汽车流通协会）

⊖ 时点在库车辆价值/每月平均销售车辆价值。

综上所述，汽车市场体量巨大，国内汽车行业目前运行相对健康且后续仍有提升空间，故该行业为各家商业银行追捧的行业之一。此外，由于汽车为权属相对清晰且易于监管的标的物，故该行业十分适合开展供应链融资业务。

第二节　场景化供应链金融产品

汽车行业产业链上企业类型众多，核心企业为各品牌主机厂或其销售机构，核心企业上游有各级零部件供应商及保理公司等，核心企业下游有授权经销商、融资租赁公司、汽车电商平台、整车物流公司等。

汽车行业产业链结构及商业银行主要金融服务产品如图2-8所示。

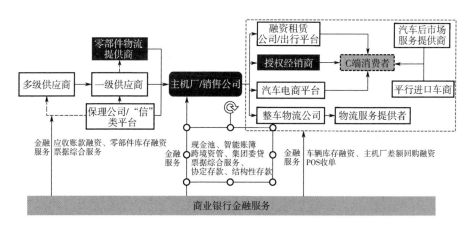

图2-8　汽车行业产业链金融服务图

在此主要介绍汽车行业产业链重点主体的融资方式，即上游零部件供应商、核心主机厂、下游授权经销商及融资租赁公司等主体的融资。

一、核心企业——主机厂或其销售机构的融资模式

汽车整车制造行业进入壁垒较高，行业内竞争格局相对稳定。合资品牌主机厂普遍资金实力较强，账面货币资金及应收票据充足，自身无融资需求，故商业银行直接介入授信的机会较少，一般主要与主机厂合作，以介入其下游经销商批量融资业务，主机厂承担相应的责任；自主品牌主机厂实力弱于合资品牌主机厂，商业银行有一定直接授信机会。同时，亦可与主机厂合作其下游经销商批量融资业务。在与各大主机厂合作的过程中，商业银行应尽量引导主机厂在本行开设账户，形成收益闭环。

案例：

商业银行 A 与主机厂 B 合作开展下游经销商的三方业务，商业银行 A 共给予该品牌 50 家经销商授信，用于向主机厂 B 采购车辆，年度累计放款总额达 100 亿元；若商业银行 A 成功营销主机厂 B 在该行开设账户，则上述对 50 家经销商的 100 亿元放款可以直接支付至主机厂在该行的账户，放款即形成存款，收益可观。

二、上游零部件供应商融资模式

上游零部件供应商资质差异较大，优先推荐介入与主机厂关系密切的一级供应商。在商业银行传统授信思路下，根据供应商资质不同，可以考虑给予信用授信、担保或抵押授信；在供应链金融业务授信思路下，可以介入有明确还款来源的授信业务，如保理、应收账款质押等。但在实际业务操作中，主机厂作为产业链的核心企业往往比较强势，一般不对供应商的应收账款进行确认，故商业银行以保理或应收账款质押的产品介入时，

就会存在一定瑕疵。而弥补该瑕疵的一种可行做法是：尽量多地获取供应商与主机厂的交易数据及回款数据，及时监控供应商与主机厂的合作情况。

案例：某商业银行零部件客户授信

1. 客户背景

授信客户 A 为外资家族企业式中小型汽车零部件一级供应商，跟随合资主机厂 B 在中国建厂。其自身产品有一定技术壁垒，为主机厂 B 在部分主力车型上单一零部件的独家供应商。

2. 融资难点

（1）客户 A 的土地、厂房为租赁，除设备外无其他可抵押实物资产，而设备均为专用设备，通用性较差，处置存在一定困难。

（2）下游主机厂十分强势，不配合银行进行应收账款确认。

3. 融资优势

（1）主机厂 B 有一套完备的企业资源计划（ERP）系统专门用于与零部件企业进行业务合作管理，授信客户 A 可以登录该系统并同意将系统截屏定期分享给银行。

（2）主机厂 B 对零部件企业的回款稳定，且对一家供应商仅有一个回款账户。

4. 主机厂 ERP 系统介绍

主机厂 B 与上游供应商均通过 ERP 系统进行采购、生产、销售、结算等信息的传递，该系统可以查询供应商与主机厂 B 每月订单、销售（应收账款）、结算的具体情况。供应商不能更改系统中的数据，只可以查看系统数据，所有的数据均由主机厂 B 生成。供应商生产出的货物运送至主机厂 B 后，主机厂 B 扫码确认收货，自动上传系统生成未开票应收账款；主机厂 B 每月固定时间将某一供应商上月全部供货明细以邮件形式发送给该供应商进行确认，供应商按照邮件标示的总金额开具发票；供应商每月派专人将发票送至主机厂 B 的财务部门，系统中形成已开票应收账款；主机厂 B 在次月对上月已开票应收账款进行付款，并在系统中进行记录。整体看，主机厂 B 的 ERP 系统能在较大程度上辅助验证供应商的供货、开具发票及收款情况。

5. 融资方案设计

（1）授信额度确定。由于主机厂回款周期稳定，故可根据月均应收账款余额计算客户 A 的授信额度。

（2）授信担保方式。客户 A 与主机厂 B 的全部应收账款质押，并辅以间接 ERP 系统监控及回款账户监管。

6. 授信操作要求

（1）授信提用前需办妥客户 A 与主机厂 B 的全部应收账款最高额质押登记手续，在中国人民银行应收账款质押系统予以登记。

（2）授信提用前将主机厂 B 的回款账户调整至客户 A 的融资行，并确保该账户为主机厂的唯一回款账户，该账户内资金需接受融资行监管，资金转出的前提条件为以下公式成立：质押应收账款金额（主机厂 ERP 系统辅助确认）＋融资行监管账户余额（及代保管银票金额）≥融资行授信敞口。

（3）建立应收账款监控台账，贷后按月收集主机厂 ERP 系统数据、开票清单邮件、回款账户流水，监控回款金额与开票金额及应收账款金额是否一致。

三、下游经销商融资模式

目前,我国汽车经销商在商业银行的主流供应链金融业务模式主要包括以下两类。

(一)汽车经销商库存融资业务

1. 业务简述

汽车经销商库存融资业务通常应用于乘用车领域,是指经销商向核心主机厂采购品牌汽车时,商业银行委托第三方监管机构对经销商采购的车辆进行监管,按汽车采购总价款的一定比例为汽车经销商提供短期融资。此模式下,经销商按照约定比例缴存保证金或匹配自有资金后,利用商业银行授信向核心主机厂或主机厂的销售机构定向采购车辆,并以车辆质押或抵押,车辆及对应单证(国产车为"汽车合格证",进口车为"货物进口证明书""进口机动车辆随车检验单",以下统称"单证")、随车钥匙等由商业银行认可的第三方监管机构实施驻场监管,或进行不定期巡库检查。

该业务根据是否能绑定核心厂家可分为两方模式及三方模式。两方模式指商业银行给予经销商存货融资授信,作为核心企业,整车厂不承担相应责任;三方模式指商业银行给予经销商存货融资授信,同时绑定核心企业整车厂承担相应责任(如调剂销售责任、见车/见证回购责任等)。

2. 业务流程

以下流程以三方模式为例,若为两方模式,则无主机厂相关部分。

(1)核心主机厂向行业银行推荐经销商,一般要求出具书面推荐函,推荐函需明确推荐融资额度。

（2）核心主机厂、经销商与商业银行签署三方协议，明确各方权责（如核心主机厂需提供调剂销售责任等）和操作要求等；第三方监管机构、经销商与商业银行签署监管协议；经销商与商业银行签署授信相关协议。

（3）经销商在商业银行开立监管账户，该账户只收不付，融资款指定支付至核心主机厂用于购买车辆。

（4）视主机厂与银行系统对接情况或提供数据情况设定收押要求，如要求商业银行融资发放后 n 个自然日内（或从整车厂发车日期计算 n 个自然日内，或从经销商收车日期计算 n 个自然日内），应融资项下的车辆实物、合格证（进口车则须具有《出入境检验检疫进口机动车辆随车检验单》《进口货物证明书》）及车钥匙须送到商业银行指定的第三方监管机构进行监管。

（5）经销商每售出一辆车均需向商业银行回填对应金额的保证金，用于赎回车辆，商业银行在确认收到相应款项后发送放车指令给第三方监管机构。

（6）若经销商在单笔借据到期时无力足额偿还银行资金，则核心主机厂应承担相应责任（如调剂销售责任等）。

3. 业务操作各环节的潜在风险及缓释手段

我们通常所说的汽车经销商存货融资授信模式实质为预付款转存货质押融资。正常情况下，商业银行资金直接支付至整车厂账户后，整车厂才开始安排生产和物流发货，直至车辆、车钥匙及合格证运抵经销商后才成为可被质押监管的存货。由此可见，在车辆运抵经销商之前，商业银行对经销商的授信为悬空状态下的预付款融资，在车辆入库并收押监管后才可变成真正意义上的存货融资，融资项下车辆信息流节点并不封闭。汽车经销商存货融资业务各流程节点如图 2-9 所示。

图 2-9　经销商存货融资业务各流程节点图

节点 1：从商业银行融资发放后至主机厂发车前

潜在风险点：主机厂未发车或发车不成功。

商业银行缓释手段：若为三方模式，可在三方协议中明确权责，即在主机厂未在规定时间内发车或发车不成功的状况下，主机厂需承担对商业银行的退款义务。若为两方模式，则需要求第三方监管在规定时间内收齐融资项下对应车辆。

节点 2：从主机厂发车至车辆到达经销商处前

潜在风险点：运输过程中存在车辆灭失的风险。该过程中，主机厂或其销售机构购买受益人为经销商的保险，即一旦发现车辆灭失，经销商将获得足额赔付，但该笔资金不在提供融资商业银行的账户体系下，故银行方面面临较大风险。

商业银行缓释手段：（1）主机厂组织发车，将车辆交予物流商，同时以经销商为受益人购买车辆财产保险；（2）物流商交车给经销商并要求经销商完成入库检验后进行签收，完成货权转移；（3）保险随货权转移完毕到期。由于上述各步骤周期较短，且有保险提供保障，故目前各家商业银行未对此阶段进行特别约定。但商业银行可与主机厂系统对接，获取车辆发车、到店等节点的时间数据，实时追踪车辆信息。

节点3：从经销商收车到第三方监管机构收押

潜在风险点：经销商恶意违约，在车辆到店后不在第一时间交予商业银行委托的第三方监管机构。

商业银行缓释手段：对于两方模式及主机厂不提供数据交互的三方模式，商业银行很难掌握从融资发放至监管员收车之间的信息，仅能要求在融资发放后的规定时间内将车辆交至第三方监管机构处；对于主机厂与商业银行系统直连的三方模式，可视对接字段⊖情况设计对应的第三方监管机构收车时间限制。

节点4：从第三方监管机构仓库收押到车辆售出

潜在风险点：（1）由于车辆是在第三方监管机构仓库外监管（即在经销商处），在工作日监管员下班后及节假日等时间段，并不能完全保证车辆在库，若经销商恶意违约，可在上述时间段将车辆私自售卖或私自移走；（2）监管员个人素质及能力差异较大，不排除经销商恶意违约时与监管员串通，合谋将车辆私自售卖或私自移走；（3）车辆售出后不向银行付款赎出合格证，仅将车辆及一把车钥匙给予车辆购买人，商业银行即使控制着合格证及另一把车钥匙，也无法对抗善意第三方；（4）监管员无法对"二网二库⊜"车辆进行实时监管，故"二网二库"车辆存在被私自售卖或私自移走的风险。

商业银行缓释手段：（1）面对高风险经销商，商业银行应要求第三方

⊖ 银行系统对接字段（如主机厂发车时间、车辆到库时间等）。

⊜ 二级销售网络，二级仓库。

监管机构收押全部车钥匙；（2）提高盘库频率，如要求第三方监管机构每日均对银行融资项下车辆逐一盘点；（3）采用科技手段提高监管能力，如要求第三方监管机构使用与其系统直连的扫码枪进行每日盘库、"二网二库"车辆安装 GPS 设备并圈定可移动范围等。

4. 业务发展趋势——银企系统直连[一]

汽车经销商存货融资业务操作环节十分冗繁，需要处理的数据量很大，若采用线下手工管理模式，不仅会占用大量的人力，还极易出现操作风险。因此，该业务发展的必然趋势将会促进银企系统直连，搭建业务管理线上化系统。

案例：某商业银行银企系统直连条件下的三方存货融资授信

1. 客户背景

主机厂 A 为主流合资品牌乘用车生产商，近年整体销量情况较好，自身无融资需求，主要与金融机构合作三方模式为其授权经销商融资提供便利。此外，主机厂 A 十分重视科技推广，以期通过全面科技对接获取更多交易链数据。为此，主机厂积极参与"主机厂—第三方监管机构—银行三方系统对接"项目。

2. 银企系统对接情况

该项目实现了主机厂 A、第三方监管机构 B 及商业银行 C 的三方系统直连，主要对接字段如表 2-2 所示。

表 2-2 三方系统直连表

关键数据	对接情况
融资时间	1. 经销商端口发起，主机厂确认后推送给银行 2. 银行系统根据出账时间自动生成

[一] 银行系统与企业系统对接。

（续）

关键数据	对接情况
发货时间	主机厂与物流公司完成系统对接，发车时间由物流公司推送给主机厂，主机厂再推送给银行
收货时间	1. 经销商在主机厂系统点击"接车"时的时间，直接推送给银行 2. 由物流公司将经销商签收时间推送给主机厂，主机厂再推送给银行
入库时间	第三方监管机构系统确认后推送给银行
出库时间	第三方监管机构系统确认后推送给银行

3. 银行业务管理系统情况

商业银行C的"汽车经销商存货融资业务管理系统"集经销商日常经营周转和融资还款操作于一体，围绕"融资生命周期"和"车辆生命周期"两个维度展开，实现多项指标的自动预警，如表2-3所示。

表2-3　汽车存货融资业务两个维度

融资生命周期	车辆生命周期	
	车辆状态	数据来源
商业银行放款 客户还款/回填敞口 双方结清	下达采购订单	厂家直连
	融资发放	商业银行
	发车	厂家直连
	经销商收车	厂家直连
	第三方监管机构收押	第三方监管机构直连
	日常盘库	第三方监管机构直连
	车辆赎回	第三方监管机构直连
	车辆销售	厂家直连（难度较大）

商业银行业务管理系统核心预警逻辑如下：

①第三方监管机构收押车辆要及时，通过对收车时间的精细化监管监督第三方监管机构；

②已收押在库的车辆要保持正常状态，不能发生经销商私自移动及私自售卖情况；

③已收押的车辆要保持市场热度与市场认可度，在库时间不能过长；

④监控车辆和资金的流动，车辆要足值收押，避免出现经销商在商业银行要求的收押时限前集中还款而车辆未能实际收押的情况（违背存货融资业务实质，相当于变相套取银行超短期信用授信）；

⑤车辆要以适当的节奏赎出，从而保证商业银行融资以正常的节奏回款/还款。

根据上述核心预警逻辑设计的系统主要预警项如表2-4所示。

表2-4 根据核心预警逻辑设计的系统预警项

预警指标	触发预警条件
第三方监管机构融资车辆未及时交付第三方监管商收押预警	从融资发放日起开始计算，超过交付第三方监管机构收押期限要求仍未足值收齐车辆
	从主机厂发车之日起开始计算，超过交付第三方监管机构收押期限要求仍未足值收齐车辆
	从经销商收车之日起开始计算，超过交付第三方监管机构收押期限要求仍未足值收齐车辆
未回填保证金/私自售卖车辆	第三方监管机构系统显示状态为在库的监管车辆，盘库时未找到
收押车辆在库时长超期预警	在库监管车辆的库龄大于库龄上限

(续)

预警指标	触发预警条件
车辆未足值收押预警	在银行要求的第三方监管机构最后收押期限后，统计单笔借据下实际收押车辆价值＜该笔借据出账金额×可容忍比例

4. 系统数据应用价值

（1）根据系统预警及时发现授信客户风险信号。例如，若系统显示私自售卖/私自移动预警或库龄超期预警解除时间较长，则客户很可能存在资金短缺问题；若系统显示第三方监管机构未及时收押预警解除时间较长，则银行提供资金可能被挪用。

（2）根据系统数据建立模型分析经销商经营行为，实时自动生成经销商贷后风险画像，为贷后管理及续授信评审提供素材。

系统自动生成某单户经销商的多项视图（图2-10～图2-17）及未结清融资敞口回填比例统计表（表2-5）。

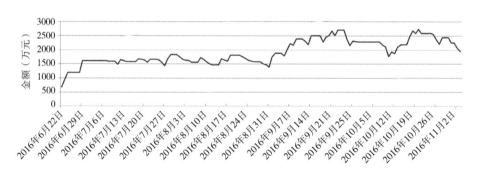

图2-10　融资敞口金额变化

第二章　汽车行业供应链金融场景解决方案

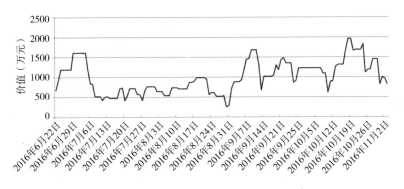

图 2-11　在途车辆价值

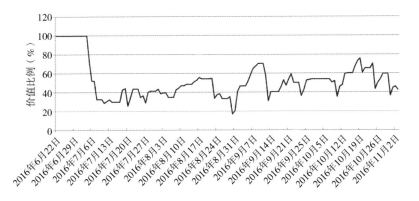

图 2-12　在途车辆比例

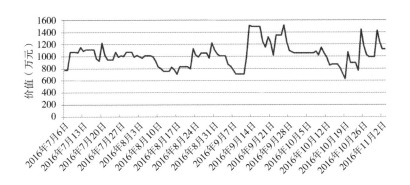

图 2-13　在库监管车辆价值

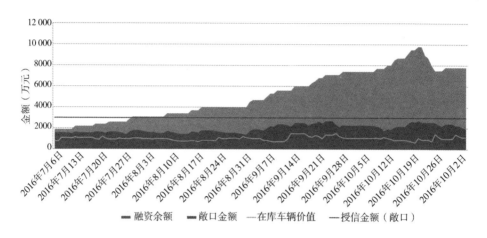

图 2-14　融资使用及库存对比

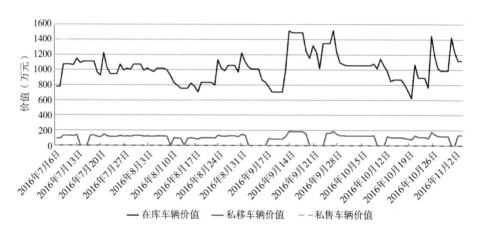

图 2-15　私移、私售车辆价值分析

第二章 汽车行业供应链金融场景解决方案

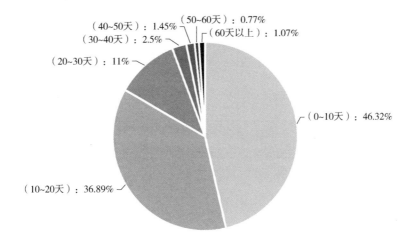

图 2-16 开票到入库时间分段的单户车辆价值占比

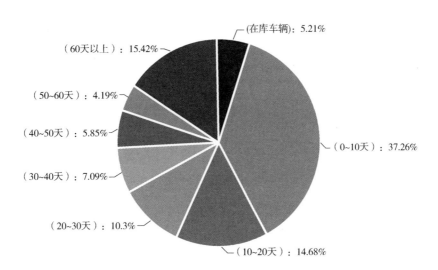

图 2-17 入库到出库时间分段的单户车辆价值占比

表 2-5　未结清融资敞口回填比例统计表

借据	出账日	到期日	首保比例	敞口回填比例			
				1个月末	2个月末	3个月末	4个月末

（二）汽车经销商差额回购业务

1. 业务简述

汽车经销商差额回购业务模式通常应用于商用车领域，具体是指经销商向核心主机厂采购品牌汽车时，商业银行按汽车采购总价款的一定比例为汽车经销商提供短期融资，在经销商未按商业银行时间要求偿还融资的情况下，由主机厂无条件补足差额的业务。该模式一般不要求对车辆进行抵/质押监管，但商业银行可根据融资期限在回款比例和相应时间点上对经销商提出要求。

差额回购业务的风控核心是核心企业——主机厂对下游经销商融资提供无条件差额补足回购责任。

2. 业务流程

（1）主机厂向商业银行推荐经销商，一般要求其出具书面推荐函，推荐函需明确推荐融资额度。

（2）主机厂、经销商与商业银行签署三方协议，明确各方权责和操作要求等；经销商与商业银行签署授信相关合同/协议。

（3）经销商在商业银行开立监管账户，该账户只收不付，融资款指定支付至主机厂用于经销商购买车辆。

（4）经销商向商业银行申请开具银行承兑汇票（或申请流动资金贷款），并存入一定比例的首笔保证金。

（5）主机厂凭商业银行的正式通知向经销商发货，首次发货金额不得超过经销商已经存入的首笔保证金金额。

（6）在首次收货完成后，经销商再申请提货必须向商业银行存入不低于申请提货金额的保证金，凭商业银行出具的"提货通知书"到主机厂提货，如此循环往复，直至保证金账户余额达到或超过银行承兑汇票票面金额。

（7）商业银行可根据融资期限对经销商设定一定的回款比例时点要求。例如，要求在出票后满 3 个月时必须至少存入不低于银行承兑汇票金额 50% 的提货保证金，满 4 个月时必须至少存入不低于票面金额 70% 的提货保证金，到期前 10 日必须足额缴存 100% 保证金。

（8）若经销商在单笔融资到期前未能足额缴存 100% 保证金，主机厂须负责将经销商到期银行承兑汇票票面金额（或流动资金贷款出账金额）与保证金的差额部分以及由于该差额付款逾期产生的逾期利息、罚息等以现款支付给商业银行，无条件承担回购责任。

3. 业务潜在风险及缓释手段

该模式弱化了对经销商资质的要求，主要落脚点为核心企业的到期差额补足，该模式下的主要风险点及商业银行缓释手段如下。

（1）核心企业抗辩未收到经销商在商业银行开出的银行承兑汇票。商业银行缓释手段如下：①要求经销商仅能使用电子银行承兑汇票品种且收款人限定为主机厂，或流动资金贷款直接受托支付至主机厂账户；②如确有必要且主机厂配合，可要求主机厂在银行出账后 T + 1 日出具"收款确认函"，商业银行在收到确认函前，不得向其出具任何形式的"提货通知书"，且主机厂不得就首保部分进行发货。

（2）商业银行发货指令被伪造。商业银行缓释手段如下：①如确有必要且主机厂配合，可在三方协议中约定，主机厂需同时收到来自商业银行发出的以下两种方式的提货通知，方可视同银行发出了有效的发货指令：

商业银行以指定邮箱向主机厂指定邮箱发送了经商业银行相关部门签章的"提货通知书"扫描文件，且主机厂收到了由商业银行寄出的纸质版"提货通知书"。②推进银企系统直连，发货指令通过线上加密方式推送。

四、融资租赁公司融资模式

汽车行业融资租赁公司股东背景、经营模式、业务规模等各方面差异均较大，商业银行无法以统一模式介入授信，而需要单户单议。本书主要通过对一个案例的详解来分享其中一种授信思路，即运用数据分析突破传统授信思路下的困局。

案例：某商业银行融资租赁客户授信

1. 客户背景

授信客户 A 是某国有重型卡车主机厂旗下的融资租赁子公司，主要负责为终端客户向主机厂的授权经销商购买车辆提供融资租赁服务。

2. 融资难点

商业银行 B 原本以信用方式介入该户授信，由于授信客户作为租赁平台无实质还款能力，且 2012 年后工程机械及商用车行业出现不景气，故商业银行 B 对该户的授信额度持续缩减。

3. 融资优势

经商业银行 B 调研发现，车辆出厂时均在发动机上搭载具有防拆除功能的 GPS 系统，授信客户 A 可全面掌握融资租赁车辆的实时位置、发动机运行状态、车辆运行里程、车辆行驶轨迹等信息，并具备远程锁车权限。

4. 授信方案设计

考虑到终端客户购买车辆的目的一定是进行运营，通俗来讲，只有车辆在路上跑起来才会产生收入，终端购车人才会有现金流归还融资租赁款。基于上述思路，商业银行B设计授信及贷后方案如下：针对该户开发个性化业务管理小系统，运用一定的科技手段自动提取授信客户A系统中的车辆运营数据，并设计多项预警指标监控融资项下车辆的运行状态，例如，对于每月运营里程下降明显或长时间停驶车辆的客户进行重点关注，并要求提前归还N期租金，缓释风险。在管理系统上线后，提高了类信用授信额度。

第三节 风控审核要点

一、核心企业——主机厂风控要点

（1）由于汽车整车制造业进入壁垒很高，主流车企发布的数据相对有限，行业内竞争格局相对稳定，因此，建议商业银行可根据行内风险偏好制订整车制造企业准入名单，进行名单制准入管理。

（2）逐月追踪主机厂销量走势，深入分析品牌市场表现。

（3）严防产能过剩，扩产扩能项目应结合企业自身发展战略并符合当前政策及未来趋势。

二、上游零部件供应商风控要点

（1）以"零整关系"为依托，尽量绑定主机厂进行供应商开发，优先介入零整关系密切的一级、二级零部件供应商。

（2）重点评估零部件企业是否拥有核心技术，单一零部件在配套车型的供货比例上是否有优势。

（3）充分利用数据，梳理主机厂从给供应商下订单到付款全过程各节点的时间，分析主机厂订单及回款是否稳定，并可将其作为贷后管理要求进行定期监控。

三、下游经销商风控要点

（1）优先支持以银企系统直连的三方存货融资模式介入。

（2）充分利用增值税纳税申报表中数据核实经销商收入及毛利率的真实性。

（3）重点关注经销商经营周转速度及库存指数。

（4）严防操作风险，强烈建议搭建业务管理系统进行线上管理，实时监控贷后执行情况，并据此分析经销商经营行为特征，预判风险。

第四节　典型案例分析

一、出险案例复盘

案例1：通过超额质押车辆变相实现返利车变现

客户A为某地区小型汽车经销商集团，商业银行B给予该户旗下经销商一定的存货融资授信额度。

商业银行 B 的内部业务管理系统显示，该集团旗下经销商普遍存在大量超额押车的现象，即交付给第三方监管机构收押的车辆总价值显著高于银行承兑汇票票面金额。虽然通常来讲超额质押不会扩大商业银行授信风险，但由于较为反常，还是引起了商业银行 B 的关注。

经详细调查发现，该集团旗下经销商额外将一批返利车质押到商业银行 B，形成超额质押。在正常融资监管车辆售出申请提车时，商业银行会在系统内自动将超额质押的返利车纳入公式，计算该户保证金缺口（核心计算逻辑为：在押车辆＋在途车辆＋保证金账户金额≥授信敞口），导致授信经销商无需补充保证金即可赎出车辆，变相实现了"以返利车辆换取正常融资车辆"及"返利车辆变现"。

案例 2：通过多次办理临时牌照私自售卖车辆

客户 A 为全国大型汽车经销商集团，行业排名靠前。商业银行 B 给予该户大额授信，包括旗下经销商存货融资授信。

商业银行 B 的内部业务管理系统显示，该集团旗下多家经销商在某一时间段内集中出现大额私自售卖情况，且触发私自售卖预警后，经销商迟迟不能通过补足保证金解除预警。商业银行 B 由此判断该集团资金链出现严重问题。

经详细调查发现，经销商私自将车辆售卖给终端客户，但并没有向商业银行补充相应保证金赎出合格证及监管车钥匙，而是以代办相关手续需要合格证为由多次给终端客户办理临时牌照。第三方监管机构查验库存时找不到对应车辆，导致触发系统私自售卖预警。在此情况下，若终端客户作为善意第三方在迟迟拿不到合格证和所有车钥匙的情况下，可以直接要求商业银行 B 归还，商业银行 B 十分被动。

发现上述情况后，商业银行 B 不仅开始改变对该户的授信策略，同时还改变了对客户 A 的监管方式：要求第三方监管机构收押所有融资项下车辆的所有车钥匙，避免再次出现私自售卖的情况。

案例 3：通过在商业银行收押时限当天全额填补保证金套取超短期信用授信资金

客户 A 为中型汽车经销商集团，经营品牌以奔驰居多。商业银行 B 给予该户大额存货融资授信额度，要求出票后 45 日内将融资对应车辆交付第三方监管机构监管（或补足未收押车辆对应金额的保证金）。

商业银行 B 在贷后检查中发现，该户融资提用额度一直较高，但在库监管车辆金额却长期很低，甚至有部分经销商无在库监管车辆。商业银行授信出现大额悬空，风险较大。

经详细调查发现，奔驰主机厂在采购政策上不同于其他主流主机厂，其给予经销商 10~15 天赊销期（其他主流主机厂多为先款后货），故经销商可在主机厂发车后 10~15 天再向商业银行申请开具银行承兑汇票，而此时或在开票后 3~5 天，车辆就能全部到店。又由于奔驰车辆畅销度较好，车辆到店不久就完成销售，因此，经销商充分利用银行 45 天收押期限，在 45 天内不将车辆交付给第三方监管机构，而是在第 45 天当日直接打款填平银行承兑汇票敞口。此案中，监管员在长期未收车时，亦未主动告知商业银行 B。

发现上述情况后，商业银行 B 立即启动业务系统优化工作，设定实际收押车辆小于应收押车辆时的预警机制。

二、应用数据透视客户经营情况的案例

案例1：经销商使用银行承兑汇票在到期前请款填平敞口

某汽车经销商集团的存货融资业务频繁触发"融资到期前2天仍未填平敞口"的预警。经商业银行调查发现，该集团通常开具期限为30～60天的银行承兑汇票，而车辆销售周期一般在45～90天，票期短于车辆周转周期，因此，票据到期时存在车辆未销售完毕的情况。在此情况下，经销商会在票据到期时向经销商集团请款（集团筹集资金渠道较多，成本整体偏低）以填平敞口。上述操作使企业实现融资成本最优化，原因主要是，以银行承兑汇票方式出账的成本是恒定的（在横轴为融资期限、纵轴为融资成本的图中，表现为一条横线），而以流动性资金贷款方式出账的成本会随着敞口逐渐归还而降低，如图2-18所示。因此，精明的企业找到了最优成本点（即两线交叉点），在最优成本点之前使用银行承兑汇票、最优成本点之后使用流动性资金贷款。

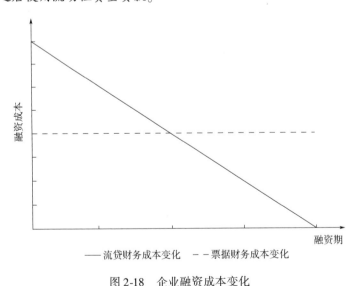

图2-18　企业融资成本变化

案例2：使用商业银行授信采购滞销车辆

某汽车经销商集团的存货融资业务在库车辆库龄明显高于同品牌均值。经商业银行方面调查发现，该集团使用其他金融机构融资采购相对畅销车型，却使用该行授信采购滞销车辆。

案例3：融资项下车辆未及时收押

某经销商在一段时间内频繁触发融资项下车辆未及时收押预警。经商业银行方面调查发现，该经销商所处城市在前段时间出台了限购政策，故该经销商销售受到严重影响。于是，该经销商实际控制人调整经营策略，该经销商开具银行承兑汇票后与主机厂协商直接将车辆发送至实际控制人在其他城市的同品牌经销商店。

案例4：出现私自售卖预警且预警长时间未解除

某汽车经销商集团旗下一家经销商店出现私自售卖预警且预警长时间未能解除，该经销商店疑似出现资金流紧张的情况。集团发现后，向该经销商注入资金，但这引起集团旗下其他经销商效仿，导致集团大量报出私自售卖预警，可见该集团在管理上出现一定问题。

第五节　可延伸拓展行业

汽车行业经销商供应链融资模式亦适用于交易频繁、购销渠道稳定的供应链客群开发业务，该融资模式可通过高频交易带动结算量增长，实现资产规模与创利。该业务模式可拓展至如白酒、家电等行业的龙头企业的下游经销商融资业务。

一、白酒行业

1. 行业特征

白酒行业参与方包括：白酒生产企业（核心企业）、下游成品酒各级经销商、批发商及零售商，以及提供配套服务的运输、仓储等辅助企业。

白酒行业淡旺季销售区别明显，从中秋节开始一直到第二年春节后为旺季，其余时间为淡季。旺季时，月销售额可以达到淡季时的 2 ~ 5 倍。

销售模式：白酒生产企业通常先将成品酒以略高于成本的价格销售给同集团下的销售公司，再由销售公司负责销往各地目标市场，销售模式主要有区域总销模式（多层级销售）和直销模式两种。

白酒行业核心企业选择标准：全国性、省级知名白酒制造商，市场占有率、品牌美誉度较高，经营情况及市场前景较好，持续经营能力较强。

2. 商业银行融资方案

基于核心企业可选择承担一定的调剂销售、保证发货或到货、差额回购等责任，商业银行可以介入下游经销商开展供应链融资业务。

白酒行业产业链全貌如图 2-19 所示。

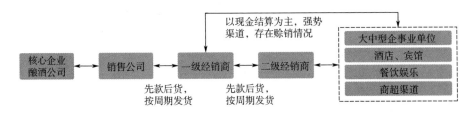

图 2-19　白酒行业产业链全貌

二、家电行业

1. 行业分类及现状

家电行业整体营收保持稳健增长，白色家电行业龙头优势明显，黑色家电行业同业竞争激烈，厨电及小家电发展趋势良好。

2. 家电行业产业链情况

家电行业上游主要有原材料（钢、铜、铝以及塑料等）生产企业及零部件压缩机、电机、面板、集成电路等制造企业；下游为多级经销商或直接连接终端销售渠道，以及提供配套服务的运输、仓储等辅助企业；核心企业为家电制造商，如图2-20所示。

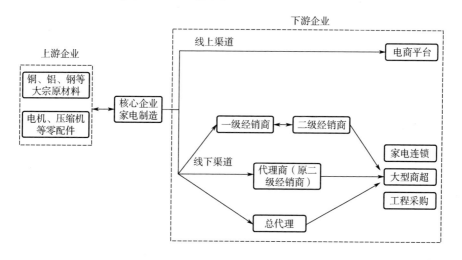

图2-20 家电行业产业链全貌

3. 商业银行融资方案

基于核心企业可选择承担一定的调剂销售、保证发货或到货、差额回购等责任,商业银行可以介入下游经销商开展供应链融资业务。

家电行业核心企业选择标准:行业排名靠前,或细分行业龙头;具备品牌知名度,产品畅销、竞争力强;具备一定销售规模。

第三章　医药行业供应链金融场景解决方案

第一节　行业特征

医药行业是我国国民经济的重要组成部分，在保护和增进人民健康、提高生活质量、救灾防疫、军需战备等方面均具有无可替代的作用。

目前，我国已形成完备的医药工业体系和医药流通网络，在世界制药领域举足轻重。

近几年，我国医药行业重磅政策频出，对行业产生了较为深远的影响。

一、两票制

（一）相关政策

1.《深化医药卫生体制改革2016年重点工作任务》

2016年4月26日，国务院办公厅印发《深化医药卫生体制改革2016年重点工作任务》（国办发〔2016〕26号），首次明确提出"优化药品购销秩序，压缩流通环节，综合医改试点省份要在全省范围内推行'两票制'（生产企业到流通企业开一次发票，流通企业到医疗机构开一次发票），积极鼓励公立医院综合改革试点城市推行'两票制'，鼓励医院与药品生产企业直接结算药品货款、药品生产企业与配送企业结算配送费用，压缩中间环节，降低虚高价格。"

2.《关于在公立医疗机构药品采购中推行"两票制"的实施意见（试行）》

2017年1月11日，多部门联合印发《关于在公立医疗机构药品采购中推行"两票制"的实施意见（试行）》，明确了推行"两票制"的重要意义："在公立医疗机构药品采购中推行'两票制'是深化医药卫生体制改革、促进医药产业健康发展的重大举措，是规范药品流通秩序、压缩流通环节、降低虚高药价的重要抓手，是净化流通环境、打击'过票洗钱'、强化医药市场监督管理的有效手段，是保障城乡居民用药安全、维护人民健康的必然要求。各地区、各部门要站在维护国家和人民群众根本利益的高度，从有利于促进医药产业转型升级发展的大局出发，把思想和行动统一到中央决策上来，按照职责分工，主动作为，敢于担当，密切配合，切实推动'两票制'落地见效。"同时说明对"两票制"的界定："两票制"是指药品生产企业到流通企业开一次发票，流通企业到医疗机构开一次发票。药品生产企业或"科工贸一体化"的集团型企业设立的仅销售本企业（集团）药品的全资或控股商业公司（仅限1家）、境外药品国内总代理（仅限1家）可视同生产企业。药品流通集团型企业内部向全资（控股）子公司或全资（控股）子公司之间调拨药品可不视为一票，但最多允许开一次发票。药品生产、流通企业要按照公平、合法和诚实信用原则合理确定加价水平。鼓励公立医疗机构与药品生产企业直接结算药品货款、药品生产企业与流通企业结算配送费用。

（二）流程变化

药品采购由"多票制"向"两票制"转变。具体的变化过程，如图3-1所示。

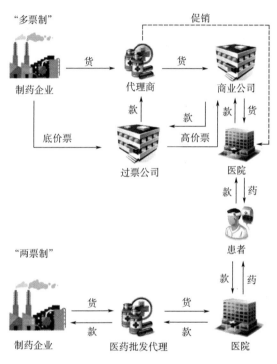

图3-1 "多票制"变"两票制"

举例来说：某种药品中标价格为100元，即公立医院采购价格为100元。

"两票制"实施前：药厂以底价30元将药品销售给代理商，代理商以95元的价格将药品卖给医药流通企业（即配送到医药的分销企业），医药流通企业再以100元的价格卖给医院。此过程中代理商共赚65元，为了避税，代理商往往会找过票公司（名义上是代理商，实质没有药品经营资质）参与，过票公司先按底价 30 元付款给药厂，药厂按 30 元开具增值税发票；药厂直接将药品发往有资质的医药流通企业，过票公司以 95 元的价格将药品卖给流通企业；过票公司拿到差价 65 元，在提取少量费用后，将剩余的部分分给真正的代理商和医药代表。

"两票制"实施后：过票公司不复存在。药厂以 95 元的出厂价将药品直接卖给医药流通企业，医药流通企业再以 100 元的价格卖给医院。药厂需向流通企业开具 95 元的增值税发票（即所谓的"高开"），而药厂需承担较高税款及原来由过票公司及代理商承担的推广成本。

（三）实际影响

1. 压缩中间环节、打击"过票洗钱"效果立竿见影

"两票制"加速了中间流通环节企业的大洗牌，流通环节企业纷纷急于扩大市场份额，并购事件频发。以九州通医药集团（以下简称"九州通"）为例，从 2017 年年初到 2018 年年中，九州通收购了 52 家主要分布在省二级城市的流通企业。此外，有外部信息披露，国内流通企业数量从 13 000 家减少至 3000 家。

2. 单纯依靠"两票制"政策降低虚高药价短期内效果有限

2014 年年底，财政部驻厦门专员发布了关于福建"两票制"实施情况的独立调研报告，指出"两票制不利于降低药价，不应该作为降低药价的良方向全国推广"。以国药控股星鲨制药（厦门）有限公司生产的维生素 D 滴剂为例：该产品生产成本为 2.40 元/盒；在实行"两票制"的福建省，厂家将出厂价定为 24.70 元/盒，再以咨询费等名义将中标价的 59% 作为销售佣金支付给代理商，用于药品推广活动；而在不实行"两票制"的湖北省，中标价为 26.25 元/盒，约为成本价的 1100%，厂家将出厂价

定为 4.7 元/盒且不提供销售佣金，用于药品推广的销售佣金由代理商通过流通环节洗出。由此可见，同一药品在福建的中标价比在湖北的中标价还要高出 0.53 元/盒，"两票制"没有在降低该药品的中标价格和零售价格中发挥作用。

之所以出现上述情况，主要是由于"两票制"后，药企变"底价包销"模式为"自主营销"模式，药企出厂价格变高，推广费用只是从企业外部转移到企业内部，并未消失。

二、一致性评价

（一）相关政策发文

1. 《国家药品安全"十二五"规划》

2012 年 1 月 20 日，国务院印发《国家药品安全"十二五"规划》（国发〔2012〕5 号），首次提出全面提高仿制药质量，分期分批开展仿制药一致性评价。

2. 《关于改革药品医疗器械审评审批制度的意见》

2015 年 8 月 18 日，国务院印发《关于改革药品医疗器械审评审批制度的意见》（国发〔2015〕44 号），明确指出加快仿制药质量一致性评价，力争在 2018 年年底前完成国家基本药物口服制剂与参比制剂质量一致性评价。

3. 《关于开展仿制药质量和疗效一致性评价的意见》

2016 年 3 月 5 日，国务院印发《关于开展仿制药质量和疗效一致性评价的意见》（国办发〔2016〕8 号），就开展仿制药质量和疗效一致性评价做出工作部署。其中明确要求："化学药品新注册分类实施前批准上市的仿制药，凡未按照与原研药品质量和疗效一致原则审批的，均须开展一致性评价。《国家基本药物目录》（2012年版）中2007年10月1日前批准上市的化学药品仿制药口服固体制剂，应在2018年年底前完成一致性评价，其中需开展临床有效性试验和存在特殊情形的品种，应在2021年年底前完成一致性评价；逾期未完成的，不予再注册。"此外，《关于开展仿制药质量和疗效一致性评价的意见》还提出："通过一致性评价的药品品种，在医保支付方面予以适当支持，医疗机构应优先采购并在临床中优先选用。同品种药品通过一致性评价的生产企业达到3家以上的，在药品集中采购等方面不再选用未通过一致性评价的品种。"

（二）政策背景及目的

一方面，此前国内批准上市的多数仿制药没有被强制要求与原研药在质量和疗效上一致，部分药品是从省级主管部门或国家卫生健康委员会批准的仿制药直接转成国药准字，所以存在药效没有保证的风险。因此，为了提高药品的安全性和有效性，保障人民用药安全，推进仿制药一致性评价势在必行。

另一方面，仿制药一致性评价可以降低药品费用，减轻医保基金支付压力。通过一致性评价的仿制药，在质量及疗效上和原研药一致，但因仿制药投入研究的周期短，研究费用显著低于原研药，故仿制药价格往往比原研药低很多。

（三）行业影响

随着一致性评价和药品审评审批制度改革的推进，未来中国仿制药行业的格局或将经历一次重大洗牌。

由于一致性评价对企业的技术能力和资金实力均提出了较高的要求，

只有行业的龙头企业才能够同时具备以上的条件，故中小企业将陆续退出，行业集中度提升。据医药魔方大数据服务平台不完全统计：截至2019年9月，上市公司公告过研发费用的通过一致性评价的药品（包含"新四类"视同通过药品）共有70种，其中60种低于1000万元，10种高于1000万元；按比例计算，补充申请中高于1000万元的占9.8%，"新四类"申请中，高于1000万元的占44.4%。

从数据中还可以看出，按照新注册分类的条件开发一个仿制药，成本要比以前整体高出不少，这更为行业加高了壁垒。

三、"4+7"带量采购

（一）相关政策发文

1.《国家组织药品集中采购和使用试点方案》

2019年1月1日，国务院办公厅印发《国家组织药品集中采购和使用试点方案》（国办发〔2019〕2号），明确"选择北京、天津、上海、重庆、沈阳、大连、厦门、广州、深圳、成都、西安11个城市，通过质量和疗效一致性评价（含按化学药品新注册分类批准上市，以下简称"一致性评价"）的仿制药对应的通用名药品中遴选试点品种，国家组织药品集中采购和使用试点，实现药价明显降低，减轻患者药费负担；降低企业交易成本，净化流通环境，改善行业生态；引导医疗机构规范用药，支持公立医院改革；探索完善药品集中采购机制和以市场为主导的药品价格形成机制。""带量采购，以量换价。在试点地区公立医疗机构报送的采购量基础上，按照试点地区所有公立医疗机构年度药品总用量的60%～70%估算采购总量，进行带量采购，量价挂钩、以量换价，形成药品集中采购价格，试点城市公立医疗机构或其代表根据上述采购价格与生产企业签订带量购销合同。剩余用量,各公立医疗机构仍可采购省级药品集中采购的其他价格适宜的挂网品种。"

"4+7"带量采购即上述 4 个直辖市和 7 个省会城市(或计划单列市)参与的药品集中采购试点工作。

2.《关于国家组织药品集中采购和使用试点医保配套措施的意见》

2019 年 2 月 28 日,国家医疗保障局(以下简称"国家医保局")印发了《关于国家组织药品集中采购和使用试点医保配套措施的意见》(医保发〔2019〕18 号),其中明确将"集中采购中选价"作为医保支付标准,超出部分患者自负;非中选品种价格是中选价 2 倍以上的,按原价格的 70% 作为支付标准;2 倍以内的,以中选价作为支付标准;2~3 年逐步调整到位;未通过一致性评价品种,支付标准不高于中选价,并立即执行;医保机构按不低于采购预算 30% 提前预付给医疗机构。

3.《关于做好当前药品价格管理工作的意见》

2019 年 11 月 26 日,国家医保局印发《关于做好当前药品价格管理工作的意见》(医保发〔2019〕67 号),明确"深化药品集中带量采购制度改革,坚持'带量采购、量价挂钩、招采合一'的方向,促使药品价格回归合理水平。探索实施按通用名制定医保药品支付标准并动态调整。健全公开透明的医保药品目录准入谈判机制。完善对定点机构协议管理,强化对医保基金支付药品的价格监管和信息披露,正面引导市场价格秩序。"

(二)政策目标及要求

国家医保局相关领导在国务院政策例行吹风会上对"4+7"带量采购政策作出了解释。

1. 政策的主要目的

(1) 降低药价：通过机制的转换挤出水分，有效实现药品降价。

(2) 反商业贿赂：通过量价挂钩和完善招采机制，解决招标与采购领域的不规范行为，消除招标与采购领域的体制障碍，净化行业生态。

(3) 规范用药：支持引导医疗机构规范用药、优化用药结构，提升诊疗水平，促进公立医疗机构改革。

(4) 完善招采流程：探索完善药品的招采机制和以市场为主导的药品价格形成机制。

2. 政策的主要要求

(1) 以量换价：给企业市场销量的承诺来进行以量换价，并在后期实现以价换量。

(2) "招采"合一：即招标与采购合一，既然"招"了就要保证医院对产品"采"的量和使用量。

(3) 保质保量：为了满足大众用药的可及性和质量保障，药企必须确保质量和产量。

(4) 保证回款：医疗机构要按合同规定与企业及时结算，降低企业交易成本。同时，为了缓解医疗机构的资金压力，医保会支付不低于合同款30%的预付款给医疗机构。

3. 政策要点

(1) 一致性评价是重中之重，只有通过一致性评价的产品才能进行集采试点。

(2) 医疗机构向药企结算，医保最低预付30%，以减轻制药企业和医疗机构的资金压力。

（3）严格保证医疗机构的中标药品使用量。

（三）行业影响

"4+7"带量采购政策的推出，对不同主体的影响大不相同。

1. 对中标企业而言

（1）如果中标之前产品市场份额不高，但通过进入"'4+7'带量采购药品目录"能换到中标市场60%~70%的占有率，占据大部分市场份额。

（2）如果中标之前产品市场份额原本就相对较高，但在招标议价过程中降价幅度大，则以价换量有可能无法完全弥补价格的损失。

（3）对独家品种中标企业来说，降价空间不大，后期有较大的市场占有率提升机会。

2. 对患者而言

虽然政策的本意是降低药价，但因供应量不足出现了部分药品无处可买的境况。如某患者透露，其长期服用恩替卡韦，在"4+7"带量采购之前，从医院买药大概70~90元一盒，正常医保扣费后，个人仅需现金支付十几元；"4+7"带量采购刚开始的时候，的确发现药便宜了，但后来却逐渐出现药品断货现象，不仅是药店断货，甚至连医院都缺货。

从宏观层面来讲，"两票制"叠加"一致性评价"叠加"4+7"带量采购政策，将使医药行业高定价、高毛利、高费用、高回扣的模式终结，对已经适应这种经营模式的药企而言是一次重大考验。

四、按疾病诊断相关分组（DRGs）

（一）相关政策发文

1.《关于进一步深化基本医疗保险支付方式改革的指导意见》

2017年6月28日，国务院办公厅印发了《关于进一步深化基本医疗保险支付方式改革的指导意见》（国办发〔2017〕55号），提出"开展按疾病诊断相关分组付费试点。探索建立按疾病诊断相关分组付费体系。按疾病病情严重程度、治疗方法复杂程度和实际资源消耗水平等进行病种分组，坚持分组公开、分组逻辑公开、基础费率公开，结合实际确定和调整完善各组之间的相对比价关系。可以疾病诊断相关分组技术为支撑进行医疗机构诊疗成本与疗效测量评价，加强不同医疗机构同一病种组间的横向比较，利用评价结果完善医保付费机制，促进医疗机构提升绩效、控制费用。加快提升医保精细化管理水平，逐步将疾病诊断相关分组用于实际付费并扩大应用范围。疾病诊断相关分组收费、付费标准包括医保基金和个人付费在内的全部医疗费用。"

2.《关于申报按疾病诊断相关分组付费国家试点的通知》

2018年12月10日，国家医保局印发《关于申报按疾病诊断相关分组付费国家试点的通知》（医保办发〔2018〕23号），要求"加快推进按疾病诊断相关分组（DRGs）付费国家试点，探索建立DRGs付费体系"。

（二）政策目标

DRGs（Diagnosis Related Groups）即按疾病诊断相关分组，是指根据病人的年龄、性别、住院天数、临床诊断、病症、手术、疾病严重程度、合并症与并发症及转归等因素，把病人分为 500~600 个诊断相关组。DRGs 本质是一套管理工具，初期用于医生比较医疗资源分配布局，后来因应用于医疗保险支付而被广泛知晓。

DRGs 本身其实与患者基本没有关系，但它被应用到医保报销管理中，就与患者密切相关了。以前，患者去医院看病后，会按照总费用的一定比例进行医保结算；但是应用 DRGs 以后，医保结算方式将发生根本性变化，即医保结算将不再按照实际发生的医疗费用进行结算，而是根据 DRGs 分组进行费用支付。

在原先医保按照项目付费的体系下，支付方是医保部门，但其不参与制定医疗服务和药品价格，如果医疗机构或医生想获得更多收益，就会大量开药和开一些不必要的检查项目，从主观上故意实施不必要的检查和治疗。而应用 DRGs 之后，如果医院治疗费用超过分组标准，医保却同样只支付标准费用，超标的费用只能由医院自己买单。此外，依托于大数据，DRGs 还可以结合最新的数据进行权重和费率的调整，达到与时俱进的效果。故 DRGs 一方面能有效控制医保费用支出，另一方面能在一定程度上倒逼医院提高管理能力和效率，从顶层设计上解决过度医疗的问题。

（三）行业影响

1. 对政府而言

DRGs 避免了医保基金的浪费和不合理分配，通过支付方式改革让医院主动控制成本，确保医保基金的有效使用。

2. 对医院而言

DRGs 经济杠杆的作用会让医院在收治患者时，使用合理的临床路径，规范医生诊疗行为，保证医疗质量的前提下，主动节约医疗成本。

3. 对患者而言

DRGs 切实减轻了就医负担，减少医患之间信息不对称情况，有利于患者选择费用低、质量好的医疗机构就诊。

第二节　场景化供应链金融产品

医药行业体系主要分为制造环节、大流通环节和消费环节，制造环节和大流通环节中的医疗卫生机构、大型连锁药店等处于相对强势地位，大流通环节中的医药流通企业处于相对弱势地位。如图 3-2 所示。

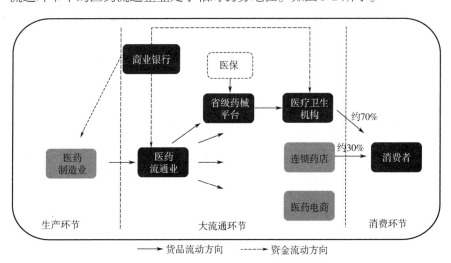

图 3-2　医药行业各主要环节

一、上游制药企业

随着人口老龄化、医疗技术的进步和健康需求的迅速增长，人们对药品消费的刚性需求日益明显，且有"消费升级"的趋势，因此，医药制造行业的优质企业往往是商业银行优先支持的对象。

对具有规模及技术优势且经营稳健的制药企业，可选择的供应链金融产品模式为：医药制造企业可作为核心企业，依托自身信用为其上游供应商的融资提供便利。例如，医药制造企业可在相关平台上向上游供应商开具可拆分、可流转并可用于融资的凭证（如中企云链模式），上游供应商据此向商业银行申请融资。

对自身实力偏弱，但下游医药流通企业实力强大且有一定金额的应收账款的制药企业来说，可利用下游大型医药流通企业的应收账款实现自身融资，例如，以保理或应收账款质押模式介入。

二、中游医药流通企业或药械平台

（一）医药流通企业融资需求明显

随着"两票制"的推行，整个医药流通行业格局已发生重大调整，小的经销商、二级或二级以上代理商被淘汰出局，"全国性＋区域性"的流通企业将逐步在行业内形成寡头垄断竞争格局。此外，为应对行业的这种变局，医药流通企业的销售对象纷纷转为医院，其结算对象亦从原来相对弱势的中小经销商变为强势的医院。鉴于医院在药品流通链条上的优势地位，医药流通企业出现应收账款金额趋高、应收账款账期趋长的趋势，进而出现明显的资金需求。

医药流通行业龙头上市企业应收账款周转天数走势如图 3-3～图 3-7 所示。

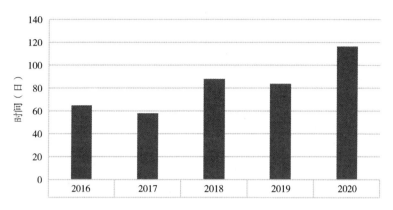

图 3-3 2016—2020 年 3 月国药股份应收账款周转时间

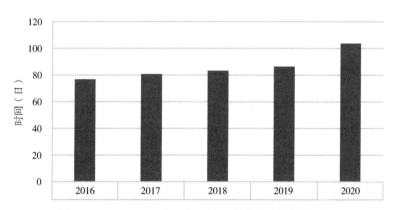

图 3-4 2016—2020 年 3 月上海医药应收账款周转时间

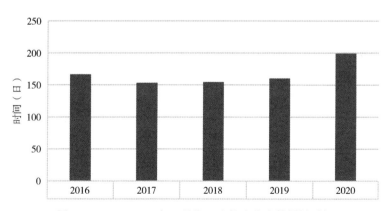

图 3-5 2016—2020 年 3 月海王生物应收账款周转时间

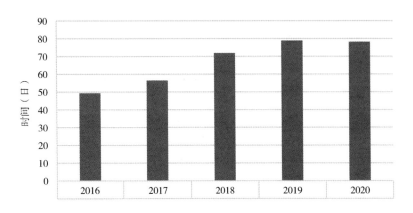

图 3-6　2016—2020 年 3 月九州通应收账款周转时间

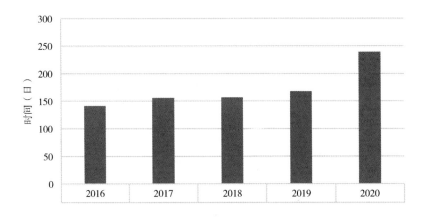

图 3-7　2016—2020 年 3 月瑞康医药应收账款周转时间

（二）供应链融资模式

对商业银行而言，应优先支持全国性的大型医药流通头部企业，以应收账款质押或保理为介入核心，依托系统平台开展供应链融资。主要可选供应链融资模式如下。

（1）对融资环境宽松、有大量应付账款、自身并无融资需求的大型医药流通企业而言，可作为核心企业，绑定其信用，支持上游供应商融资。

1）产品选择：中企云链及类似模式、买方保理担保等。

2）业务逻辑：绑定作为核心企业的大型医药流通企业信用，为其上游供应商融资提供便利。

3）审查要点：一是重点关注核心企业自身经营情况，确保其有充足的付款能力。二是关注核心企业负面舆情信息，特别是法律纠纷或负债大幅增加等信息。三是明确核心企业承担到期无条件付款责任。四是确保产品操作流程中核心企业对应收账款进行有效确认，并封闭回款等。五是核实核心企业与供应商的历史交易情况，如合作年限、年度交易与结算情况、当前合作合同、商业纠纷、应收账款转让或质押给银行的情况等。六是贷后定期核查合同订单、发票、结算单、入库单等纸质凭证，核实贸易背景真实性、合法性和有效性；核查应收账款是否存在重复融资的情况等。

（2）对因下游医院付款周期长而上游制药企业要求预付或账期较短导致资金压力较大的医药流通企业而言，可围绕优质应收账款开展业务，同时强烈建议构建银企系统直连。

1）产品选择：保理、应收账款质押、ABS/ABN（资产证券化/资产支持票据）或通过银企系统直连充分获取数据，实现一定程度上还款现金流封闭的创新融资模式。

2）业务逻辑：在医药流通行业，应收账款往往难以得到下游强势医院的确认，且难以对医药回款账户进行额外约束，因此，需要通过银企系统直连方式获取交易数据，依靠如第三方发票验证等手段来确认流通企业与下游交易的真实性，并通过一定科技手段抓取、归集医院回款信息，从而实现一定程度上的还款现金流封闭。同时，基于对下游多个优质买方也实现了风险分散。

3）审查要点：第一，重点评估作为核心企业的医药流通企业 ERP 系统状况，验证系统的可靠性、真实性、功能完整性和重要数据的不可篡改性。

第二，重点关注核心企业与下游医院的合作情况，如合作时间、年交易金额、退换货情况、应收账款平均账期、与医院的对账机制等。同时，需重点核实核心企业与下游医院的贸易背景真实性，如通过第三方科技公司对全量发票进行验真等。

第三，重点关注下游医院的资质，可根据营收规模、等级、区域等因素对医院进行分层管理。

第四，关注核心企业其他应收类融资规模和融资条件，并注意核实应收账款已转让或已质押情况，避免重复融资。

第五，若下游医院不能配合对应收账款进行有效确认，商业银行应至少以合理方式（如公正送达、邮寄、登报等）将应收账款转让事项的具体内容通知医院。

第六，若下游医院不能配合变更回款账户并确保唯一，商业银行应充分利用科技手段（包括但不限于外部第三方科技公司产品或平台）对回款进行归集，努力在最大程度上实现资金封闭。

第七，贷后充分对银企系统直连获取的数据进行分析，例如，分析核心企业对下游特定医院的销售是否出现不规律波动、医院的付款周期及金额是否规律，特定医院采购的药品（发票上一般会注明具体药品信息，可提取关键字进行分析）是否存在一定规律等；需定期核实应收账款是否再次质押或转让他行，应收账款是否存在异议登记；需定期与下游医院进行对账等。

案例：医药流通企业 A 与商业银行 B 合作线上供应链融资新模式

1. 客户背景

医药流通企业 A 为上市公司，行业排名靠前。但"两票制"实施后，其应收账款规模高企，上下游账期错配，资金压力较大。

2. 融资痛点

①凭借客户自身资质难以获得大额融资支持，不能满足客户融资需求；

②下游医院不配合对应收账款进行确认；

③下游医院回款账户不唯一；

④线下操作应收账款融资工作量大、效率低下，且操作风险较高。

3. 融资优势

①客户 ERP 系统可体现下游医院订单信息、交货信息、医院收货信息、应收账款信息和医院回款信息等相对完整的交易流程，且客户愿意与商业银行进行系统直连；

②下游医院相对分散，且大部分信誉较高、合作年限较长。

4. 融资方案设计

①客户与银行系统直连，客户向银行推送符合准入要求的医院及其全部应收账款数据，银行通过系统筛选并进行发票自动验真后实现资产入池，对不合格应收账款，系统自动进行出池处理；

②授信品种：保理；

③用公正送达或邮寄等可行方式将应收账款转让事项通知下游医院，通知凭证需上传至系统；

④下游医院需逐户在中国人民银行动产融资统一登记公示系统（以下简称"中登网"）办妥具有排他性的应收账款转让登记手续；

⑤客户需在商业银行开立回款保证金账户，约定医院回款时通过第三方资金归集平台获取原始入账明细，并将回款及时、足额划转至商业银行保证金账户，商业银行系统自动根据一定规则对入池应收账款进行相应核销；

⑥商业银行系统设置自动预警功能，对回款异常等进行及时提示；

⑦贷后要求定期与医院进行线下对账、定期查询中登网信息避免重复融资。

融资方案具体流程如图3-8所示。

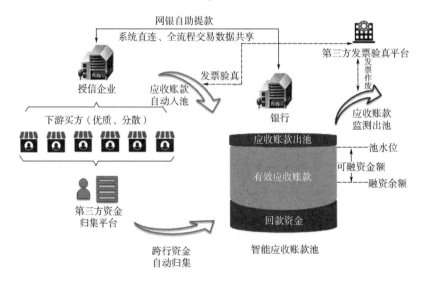

图3-8　融资方案流程图

（3）对有一定公信力并能起到供应链核心管理作用的药械平台而言，可利用平台提供的交易及结算信息，批量开发平台上的医药流通企业融资业务，以解决下游医院不配合对应收账款进行确认的问题。

近年来，医药行业平台化趋势明显，已经随着政府医药领域改革政策陆续出台而形成新业态。

1）产品选择：保理或应收账款质押。

2）业务逻辑：选择有较强公信力的药械平台，通过药械平台提供的大量交易数据，多维度验证应收账款的真实性，变相弥补医院不能对应收账款进行确认的缺陷。

3）审查要点：第一，重点关注核心平台的公信力。第二，重点评估平台系统的可靠性、真实性和功能完整性，从下游医院下订单到流通企业配送、医院收货及付款等交易过程均能在平台系统上体现。第三，重点关注流通企业与医院在平台上的历史交易情况，如合作年限、年度交易量、医院付款情况、应收账款转让或质押情况、商业纠纷等。

三、下游医院或大型连锁药店

下游医院或大型连锁药店通常是商业银行优先支持的客户群体。

对资金实力较强的医院而言，可探索以医院为核心的上游供应链融资业务，如保理、商品保贴、商业票据质押融资等。

对面向终端客户的大型连锁药店而言，其客户一般以现金结算和医保结算为主。随着医保范围不断扩大，产生了金额较大、账期稳定、回款质量有保障的医保应收款。因此，在将连锁药店作为供应链融资目标客户时，可围绕其医保应收款展开，以保理业务形式介入。

第三节 出险案例分析

一、出险案例介绍

案例1：闽兴医药

1. 案例概况

2019年7月11日，中原证券发布公告，对旗下两款产品"联盟17号集合资产管理计划"和"中京1号集合资产管理计划"相关情况进行说明。

创设于2017年12月8日的"联盟17号集合资产管理计划"募集资金5984万元，2019年4月24日到期；创设于2018年2月5日的"中京1号集合资产管理计划"募集资金1.82亿元，2019年5月7日到期；上述两款资管产品合计募集资金2.42亿元。

上述两款产品均通过华鑫信托设立的"华鑫信托·信源39号集合资金信托计划"最终投资于闽兴医药对福建省医科大学附属协和医院（以下简称"协和医院"）的应收账款，作为融资方的闽兴医药承担差额补足义务，闽兴医药实际控制人夏薛雯提供连带责任担保。

在2019年4月上述两款产品临近到期时，融资方闽兴医药表示遇到资金问题，其实际控制人夏薛雯失去联系，由此风险暴露。

2. 出险原因分析

在公开报道中，一家曾与闽兴医药有过接触的信托公司称：闽兴医药与协和医院的应收账款并非完全虚假,在尽职调查过程中,闽兴医药的经办人员曾主动出示医院到期还款凭证。但在确权环节,闽兴医药则露出了明显的破绽。闽兴医药一开始表示协和医院不能确权,后来又改口表示可以,但仅能在医院楼下与医院财务部的人进行确权操作。由于该信托对这种"特殊"的确权方式产生怀疑,因此,后续没有介入闽兴医药业务,也算"逃过一劫"。

在公开报道中,协和医院的工作人员表示:协和医院自2016年至2019年5月向闽兴医药采购总额仅为100多万元,不存在高达上亿元的应收账款,闽兴医药存在伪造凭证甚至是伪造医院印章的行为。

案例2:华业资本

1. 案例概况

华业资本原主业为房地产业务,2014年转型投资医疗健康产业,当年收购了重庆捷尔医疗100%股权,开始了医药行业的应收账款债权投资业务。重庆捷尔医疗当时的实际控制人为李仕林,其实际控制企业还包括重庆恒韵医药。

从2015年开始,华业资本开始收购重庆恒韵医药对三甲医院享有的应收账款债权。

2018年9月25日晚间,华业资本发布公告称,公司子公司收到通知,通知中称西藏华烁通过景太龙城投资的应收账款出现逾期,并触发西藏华烁履行差额补足义务,累计逾期未回款金额为8.8亿元,占公司净资产的13.06%。回款出现逾期的三个项目为"景太19""景太20""景太23",根据协议,医院应于到期日前全额偿还应收账款,但医院只按期偿还了"景太19"和"景太20"的优先级本金,未支付劣后级本金及收益。上述债权的劣后级份额全部由西藏华烁投资认购，由于医院未偿还"景太23"优先级本金，西藏华烁作为差额补足义务人部分补足了"景太23"的优先级本金，共计1951.1万元。

2018年9月27日晚间，华业资本再次发布公告称，公司（即华业资本）委派律师对债务人（陆军军医大学第一附属医院、第二附属医院、第三附属医院）进行了现场走访，并出示了相关"债权转让协议""应收账款债权确认书"及债务人提供的"确认回执"。然而，债务人方否认存在相关债务，相关文件上公章系伪造，确认上述债务并不真实。此外，公告称，华业资本现有应收账款存量规模101.89亿元，全部从恒韵医药受让，若情况属实，华业存量应收账款面临部分或全部无法收回风险。

2. 出险原因分析

本案主要为恒韵医药通过伪造医院公章对应收账款进行造假。

此外，据公开报道，债务人之一陆军军医大学第三附属医院的财务科工作人员曾表示："恒韵医药系医院供应商，存在应收账款，但债权转让事宜是他们两家公司的事情，和医院没关系，我们也不知道这个事情。"

二、启示

上述两个出险案例均为伪造应收账款骗取融资，因此，甄别应收账款的真实性是"应收类"供应链融资业务的重中之重。通常情况下，应通过下游付款方的标准确权进行核实。但在医药行业中，由于下游医院相对强势，往往不配合对应收账款进行确认，故导致金融机构对医院类的应收账款真实性核实难度加大。

建议金融机构采用包括但不限于下列手段增强对应收账款真实性的核

实能力。

（1）通过第三方发票验证平台，对入池的全量应收账款对应发票进行逐笔验真，并定期复验，以甄别红冲[1]情况。

（2）通过银企系统直连方式获取大量交易数据，对医院回款情况进行监控，并与历史回款情况进行比对。

（3）定期与医院进行线下对账。

（4）若医院配合，可使用合法电子签章的方式对应收账款进行线上确权，规避医院公章被伪造的风险。

金融机构要防范风险，首先要了解供应链全流程，其次要深度参与供应链进行"端到端"的控制。部分金融机构自身不进入供应链流程中，因此无法识别交易的真实性及异常情况，出现风险的可能性较大。

---

[1] 红冲发票，冲减原销项，然后开具正确的发票重新入账，跨月的需开红字发票。将错误（或发生退货等情况）的凭证，用红字做一张和蓝字一模一样的凭证，就可以把原凭证作废，然后重新做一张正确的凭证。

第四章 建筑行业供应链金融场景解决方案

第一节 行业特征

一、行业现状

建筑业是重要的国民经济物质生产部门,它与整个国家经济的发展、人民生活的改善有着密切关系。改革开放以来,我国经济飞速发展,建筑业也步入了高速发展的阶段。这个过程体现在产业规模不断扩大、企业效益不断提升、技术装备不断优化、建造能力不断提高等方面,这些都对我国经济的发展产生了重要的意义。

(一)建筑业总产值

据 Wind 建筑行业统计数据显示,2015 年,中国建筑业总产值同比仅增长 2.29%,2016 年同比增长 7.08%,2017 年同比增长 10.50%,2018 年同比增长 9.99%,2019 年同比增长 5.68%。可见 2015—2019 年行业总产值稳步增长。如图 4-1 所示。

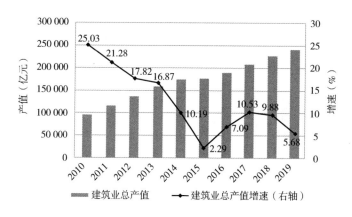

图 4-1　2010—2019 年我国建筑业总产值

（资料来源：中国建筑业协会）

受新冠疫情影响，截至 2020 年 3 月 31 日，我国建筑业总产值累计同比增速为 -16%，其中建筑工程产值为 31 379.79 亿元，竣工产值为 14 544.35 亿元，安装工程产值为 3263.02 亿元，装饰装修产值为 1742.24 亿元，在外省完成的产值为 11 420.82 亿元，其他产值为 1273.78 亿元。增速首次出现负增长。

（二）建筑业新签合同金额

据 Wind 建筑行业统计数据显示，2015 年，建筑行业本年新签合同金额为 338 001.42 亿元，同比增长 4.49%；2016 年，建筑行业本年新签合同金额为 374 272.24 亿元，同比增长 10.73%；2017 年，建筑行业本年新签合同金额为 439 461.24 亿元，同比增长 17.43%；2018 年，建筑行业本年新签合同金额为 494 409.05 亿元，同比增长 12.49%；2019 年，建筑行业本年新签合同金额为 545 038.89 亿元，同比增长 10.24%；截至 2020 年 3 月 31 日，建筑业本年新签合同额为 47 063.3 亿元，同比增速为 6%。受新冠疫情影响，2020 年第一季度增速放缓，但仍为增长趋势。如图 4-2 所示。

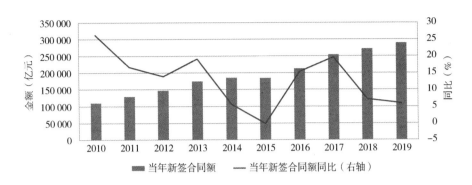

图 4-2 2010—2019 年我国建筑业当年新签合同额

(三) 对外承包工程业务新签合同额

据"Wind 建筑行业统计数据"显示，2015 年，对外承包工程业务新签合同金额 470.4 亿美元，同比增长 52.80%；2016 年，对外承包工程业务新签合同金额 515.4 亿美元，同比增长 9.57%；2017 年，对外承包工程业务新签合同金额 553.6 亿美元，同比增长 7.41%；2018 年，对外承包工程业务新签合同金额 564.9 亿美元，同比增长 2.04%；2019 年，对外承包工程业务新签合同金额 517.3 亿美元，同比下降 -8.43%；截至 2020 年 3 月 31 日，对外承包工程业务新签合同额为 244.8 亿美元，同比下降 -19.18%。可见对外承包工程业务新签合同金额在 2015 年出现井喷式增长后，2016—2018 年增速逐年放缓，2019 年出现负增长，2020 年第一季度，受新冠疫情影响新签合同额大幅下滑。对外工程承包业务与国际形势及地缘政治息息相关。

(四) 建筑企业数量

关于建筑企业数量方面，截至 2018 年年底，全国共有建筑业企业 95 400 个，比 2017 年增加 7341 个，增速为 8.34%，增速连续三年提高；

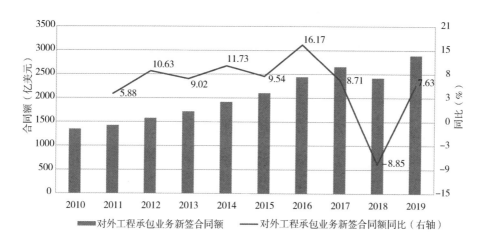

图 4-3　2010—2019 年我国对外承包工程业务新签合同额

（数据来源：Wind）

其中，国有及国有控股建筑业企业 6880 个，比上年增加 80 个，占建筑业企业总数的 7.21%。截至 2019 年年底，全国共有建筑业企业单位数 103 814 个，比 2018 年同期增加 8414 个，增速为 8.82%；国有及国有控股建筑业企业约占建筑业企业总数的 7.00%，如图 4-4 所示。

图 4-4　2010—2019 年我国建筑企业数量

二、行业发展趋势

（一）利好政策推进建筑业持续健康发展

1.《关于促进建筑业持续健康发展的意见》

2017 年 2 月，国务院办公厅印发《关于促进建筑业持续健康发展的意见》。该意见总结了改革开放以来，我国建筑业取得的经验与成就，指出了当前建筑业存在的主要问题，全面系统地提出了促进建筑业持续健康发展的总体要求和改革方向与措施。该意见充分体现了国家高度重视建筑业改革发展，是建筑业改革发展的顶层设计，同时奠定了以市场化为基础、以国际化为方向的理念，是今后一段时期内建筑业改革发展的纲领性文件。

2.《"十三五"装配式建筑行动方案》

2017 年 3 月，住房和城乡建设部印发《"十三五"装配式建筑行动方案》，该方案明确指出：到 2020 年，全国装配式建筑占新建建筑的比例达到 15% 以上，其中重点推进地区达到 20% 以上，积极推进地区达到 15% 以上，鼓励推进地区达到 10% 以上。到 2020 年，培育 50 个以上装配式建筑示范城市，200 个以上装配式建筑产业基地，500 个以上装配式建筑示范工程，建设 30 个以上装配式建筑科技创新基地，充分发挥示范引领和带动作用。

装配式建筑的规划发展将有利于传统建筑加快转型升级。

3.《建筑业发展"十三五"规划》

2017 年 4 月，住房和城乡建设部印发《建筑业发展"十三五"规划》，内容涵盖工程勘察设计、建筑施工、建设监理、工程造价等行业，以及政府对建筑市场、工程质量安全、工程标准定额、建筑节能与技术进步等方面的监督管理工作。该规划旨在贯彻落实《关于促进建筑业持续健康发展的意见》、阐明"十三五"时期建筑业发展战略意图、明确发展目标和主要任务,推进建筑业持续健康发展。

4. 中央经济工作会议

2018年12月19日至21日,中央经济工作会议在北京举行,会议重新定义了基础设施建设,把5G、人工智能、工业互联网、物联网定义为"新型基础设施建设"。随后,"加强新一代信息基础设施建设"被列入2019年政府工作报告。

(二)基础设施建设空间较大

目前,我国的基础设施在某些方面已经处于世界领先地位,高铁、高速公路的通车里程已经位列世界第一。但我们并没有止步于此,建设还在继续,城市中基础设施的新建和改造空间非常大。尤其是交通设施和地下管网、海绵城市的改造,将会给市政企业带来巨大的机会。

大型、特大型城市的公共交通建设还将延续很长一段时期。以北京、上海、广州、深圳等一线城市的人口密度比欧美一些城市的人口密度要大得多,公共交通成为解决城市交通主要选择。

因此,轨道交通的建设将会与城镇化的进程共始终;在开发建设较早的城市,虽然土地资源不可再生,但地下空间的开发将持续推进;在可以预见的未来20年城镇化进程中,轨道交通的建设将不会停止,并逐步从特大型、大型城市发展到地级市。

(三)"一带一路"继续推行

自2013年"一带一路"倡议提出,至2019年已6年多时间,6年辛勤耕耘收获累累硕果。截至2019年3月底,中国政府已与125个国家29个国际组织签署173份相关合作文件。基础设施互联互通水平大幅提升：铁路方面，截至2018年年底，中欧班列已经联通亚欧大陆16个国家108个城市，累计开行1.3万列，运送货物超过110万标箱，与沿线国家开展口岸通关协调合作、提升通关便利，平均查验率和通关时间下降了50%；公路方面，中国与15个沿线国家签署了包括《上海合作组织成员国政府间国际道路运输便利化协定》在内的18个双多边国际运输便利化协定，中越北仑河公路二桥建成通车；海运方面，希腊比雷埃夫斯港建成重要中转枢纽且三期港口建设即将完工，中国与47个沿线国家签署了38个双边和区域海运协定；航空运输方面，中国与125个国家和地区签署了双边政府间航空运输协定，5年多来，中国与沿线国家新增国际航线1239条；能源设施方面，中国与沿线国家签署了一系列合作框架协议和谅解备忘录，中俄天然气管道东线于2019年12月实现部分通气，中缅油气管道全线贯通；通信设施方面，中缅、中巴、中吉、中俄跨境光缆信息通道建设取得明显进展。

基础设施建设作为"一带一路"的核心内容，使建筑业成为最直接的受益者。

（四）新基建持续加码

新型基础设施建设（以下简称"新基建"），主要包括5G基站建设、特高压、城际高速铁路和城市轨道交通、新能源汽车充电桩、大数据中心、人工智能、工业互联网七大领域，涉及诸多产业链，是以新发展理念为引领，以技术创新为驱动，以信息网络为基础，面向高质量发展需要，提供数字转型、智能升级、融合创新等服务的基础设施体系，如图4-5所示。

2020年3月，中共中央政治局常务委员会召开会议提出，加快5G网络、数据中心等新型基础设施建设进度；2020年3月6日，工信部召开加

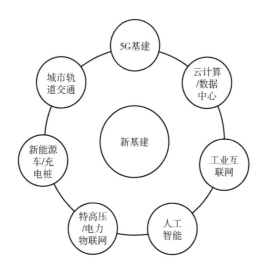

图 4-5　新型基础设施建设七大领域

快 5G 发展专题会,提出加快推进新型基础设施建设。

综上,我们可以判断,建筑行业是一个体量巨大,且发展前景较好的行业之一。

第二节　场景化供应链金融产品

一、业务模式介绍

(一)供应链各方特征

1. 上游供应商

(1)资质较弱,依靠自身实力在商业银行获取授信难度较大。

(2)在供应链中地位相对弱势,被下游买方(即该业务模式下的核心企业）占压一定资金，自身资金链相对紧张，有迫切的融资需求。

（3）与核心企业合作期间，历史履约能力较好。

2. 核心企业——建筑施工企业

（1）行业地位突出，具有竞争优势，能相对轻松地在商业银行获取授信且多为信用授信，授信提用率不高，有一定闲置授信额度。

（2）在供应链中处于核心地位，上下游辐射能力较强，向上游付款通常有一定账期，但到期付款意愿较强且支付能力可靠。

（3）出于种种原因，自身不愿意在报表中及央行征信中体现过多刚性负债，但愿意通过以捆绑自身信用的方式为其上游供应商在商业银行融资增信，例如，配合商业银行推荐供应商名单、对其应收账款进行无条件付款确认、配合锁定回款、接受银企数据交互等。

（二）融资模式

该业务模式依托核心企业银企系统直连或网银向商业银行提供数据，实现应收账款权利确认和交易背景真实性核实；上游供应商作为融资人向商业银行申请授信（在商业银行系统支持的情况下，亦可直接占用核心企业额度出账，无须单独申请及审批供应商额度），将其对某一核心企业的全部应收账款质押或转让给商业银行；核心企业对应收账款核心信息进行确认，并放弃商业纠纷项下对应收账款的支付抗辩和止付权利，承担对确认应收账款的到期无条件付款责任，配合商业银行封闭回款路径。

（三）业务逻辑

1. 上游供应商

上游供应商进行融资主要目的是获得资金，加速回款。

2. 核心企业

（1）通过上述融资模式能进一步延长付款周期，例如，原先核心企业与上游供应商签订的商务合同的付款周期为 3 个月，但是在该模式下，商业银行能给予供应商 6 个月或 1 年的融资期限。

（2）将自身融资需求转嫁至上游供应商，以降低自身有息负债杠杆。

（四）科技支持诉求

该融资模式操作环节较多、信息量较大，若以传统线下应收账款质押或保理模式介入，不仅费时费力且极易出现操作风险。因此，商业银行必须通过银企系统直连或网银与核心企业交互数据，并引入第三方科技公司对全量发票进行查验，以实现应收账款权利确认和交易背景真实性核验。

1. 银企系统直连方式

商业银行与核心企业信息系统（包括但不限于 ERO 系统、供应链管理系统等）直连，基于核心企业付款责任及在线获取真实有效的电子化应收账款等信息，为核心企业上游供应商提供的应收账款类融资业务。商业银行亦可与核心企业认可且能够有效记录核心企业与上游供应商交易信息的集采平台或电商平台进行系统直连。

应收账款转让事项的通知方式：核心企业通过企业信息系统对接以数字证书加密方式推送的供应商应收账款的数据信息，可视为核心企业对其供应商转让事项的确认，并需要在核心企业与商业银行签订的协议中约定。

2. 网银方式

核心企业及其上游供应商通过商业银行的客户端（如企业网银）实现数据交互的在线操作的网络融资应收类融资业务，适用于核心企业无法与商业银行以系统直连方式共享数据，但能够通过商业银行客户端进行应收账款确认的应收类授信业务。

应收账款转让事项的通知方式：核心企业登录网银在线签署"应收账款转让通知书"及回执。

需要提示的是，无论是上述银企系统直连方式还是网银方式，商业银行业务系统、企业业务系统及相应平台原则上应具备以下功能：

（1）发票自动逐笔验证；

（2）应收账款自动入池⊖出池⊖并遵守资金转出规则；

（3）核心企业以合法有效的方式对应收账款进行线上确认；

（4）对拟融资的应收账款进行标识，避免重复融资；

（5）日终对账功能；

（6）贷后预警提示功能。

（五）尽调模式优化

该业务模式主要依托核心企业到期无条件付款缓释风险，故在加强核心企业风险管理的前提下，对供应商的风险管理和尽职调查可以进行合理优化。由于供应商普遍分散在全国各地且部分规模较小，在满足合规要求的前提下，可根据供应商规模及授信金额分类后选择运用非现场尽职调查、远程视频尽职调查+多方面非现场尽职调查、现场尽职调查等多种模式。此外，供应商授信资料亦可进行简化，重点验证供应商及实际控制人资质、与核心企业历史交易情况等，财务报表等可视为非必要资料。

⊖ 合格应收账款核增。

⊖ 相应应收账款核减。

二、主要适用场景——以中企云链业务为例

（一）中企云链基本情况

1. 成立背景

中企云链金融信息服务有限公司（以下简称"中企云链"）是由中国中车集团联合中国铁建、国机集团、航天科技、中国船舶、鞍钢、中国铝业等 11 家中央企业，中国工商银行、中国邮政储蓄银行 2 家金融机构，北京首钢、北汽集团、上海久事、厦门国贸、云天化、紫金矿业、金蝶软件、智德盛、北京华联、云顶资产 10 家地方企业，经国务院国资委批复成立的一家国有控股混合所有制企业。中企云链作为商业模式创新典型被列为国资委央企双创平台，也是国资委重点支持的"互联网＋"和央地协同创新平台。

2. 平台产品——"云信"

中企云链结合供应链金融的反保理业务，创新推出"云信"产品——一种可拆分、可流转、可融资的电子"付款承诺函"，在中企云链金融平台上实现企业信用流转。"云信"结合了银行承兑汇票的高可靠性、商业承兑汇票的支付免费、现金的随意拆分等优点，同时又具有易追踪的特点，可以将优质企业的信用量化、碎片化、流通化，从而解决金额错配问题，让利差回归实体产业。"云信"到期后，由大企业将与"云信"金额等值的资金划入商业银行，商业银行将持有"云信"的对象进行清分，并将资金分别划入银行账户。

中企云链金融平台自 2015 年 9 月正式上线，至 2019 年年底，已有注

册企业用户 5.4 万家,"云信"确权规模达 1336 亿元,累计交易额达 3929 亿元。

3. 交易模式

集团公司(核心企业)首先从商业银行等资金方获取授信额度,然后由集团公司(核心企业)根据其所属子企业规模大小、经营状况,由集团公司(核心企业)分配并在中企云链金融平台设定所属子企业可使用"云信"最高额度,其可分配额度即该集团公司(核心企业)取得的商业银行授信额度。核心企业向供应商通过支付"云信"来结算货款,供应商收到"云信"后有三种选择:一可选择部分或全额继续持有;二可选择部分或全额进行融资变现;三可选择部分或全额继续支付给其他企业,实现"云信"在产业链企业间的广泛应用和流转。

供应商通过拆分流转所持有的"云信",大幅降低供应链交易成本。同时,若供应商将持有的"云信"进行转让融资,即可实现高效低成本融资。

中企云链交易模式如图 4-6 所示。

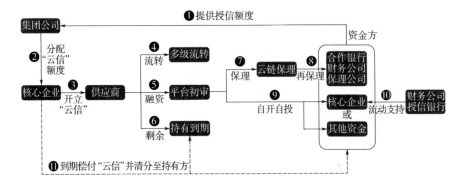

图 4-6　中企云链交易模式

4. 优势

一方面，可将优质企业的信用惠及整个供应链，降低整体融资成本。传统供应链金融模式下，供应链中广大中小企业随着级次递增，其信用等级逐渐降低，离核心企业越远的供应商融资成本越高。使用"云信"后，处于供应链中的各级中小企业供应商可以利用"云信"可转移支付的特性，向其他中小企业流转核心企业"云信"偿付欠款，也可以向中企云链平台或金融机构提出融资需求，实现快速、精准融资。

另一方面，可积累产业链大数据，加强和优化企业供应链："云信"的流转路径清晰，且随时可查，"云信"的流转不仅是大企业信用的流转过程，也是企业的资金流向过程，更是供应链关系的梳理和管控的流转过程。

（二）商业银行融资模式

1. 融资模式

商业银行与中企云链合作并与其系统直连，借助中企云链平台资源，围绕商业银行认可并准入的核心企业，基于"云信"开立人无条件付款承诺开出的"云信"凭证，为持有"云信"的供应商提供在线融资，实现线上业务申请、合同签署及放款等融资服务。

商业银行作为保理融资银行与中企云链平台合作向融资申请人（卖方）提供保理服务。商业银行受让卖方转让的应收账款及"云信"凭证，审核卖方基础信息和贸易背景资料，办理保理融资等。

中企云链平台落实保理合作模式及各方权责，推荐融资申请人、协助商业银行调查卖方及买方信用情况、协助搜集卖方融资申请材料及协助核实贸易背景真实性等。

中企云链业务商业银行融资流程如图 4-7 所示。

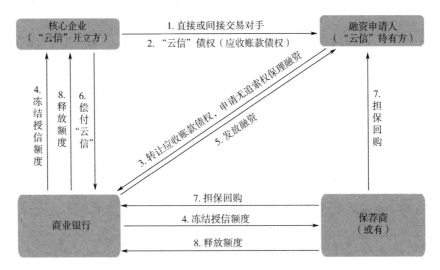

图 4-7　中企云链业务中商业银行融资流程

2. 业务要素

（1）业务品种：国内有追索权/无追索权保理。

（2）融资期限：根据核心企业"付款承诺函"确定。

（3）融资比例：不超过合格应收账款的 100%。

关于"云信"融资层级，目前，部分商业银行可开展多级融资，但仍有部分商业银行仅同意介入一手"云信"融资。

3. 业务流程

第一步：核心企业授信。核心企业资质应较强，"云信"持有人的中企云链融资业务应占用核心企业授信额度。

第二步：签订三方协议，并将核心企业额度信息提供给云链平台。

第三步："云信"持有人在中企云链平台发起融资申请，并授权中企云链平台传送融资申请及资料至商业银行系统。

第四步：商业银行系统收到推送的"云信"融资申请，并进行尽职审核。主要审核融资申请人身份信息及核查基础交易真实性，这一步可通过系统自动操作。

第五步：应收账款查询。商业银行通过中登网查询并确认融资申请人未将拟转让的应收账款出质或转让，且不存在异议登记。

第六步：融资发放。

第七步：还款。"云信"开立人在到期付款日将付款资金支付到约定的唯一还款账户，商业银行对账户中资金进行清分，并在回款账户扣划相应款项用于偿还融资。

（三）风险因素

1. 触及监管红线

"云信"本质是一种 Token（代币），类似于中企云链系统中的"货币"，开立主体又是核心企业自身，随着中企云链的业务扩张，"云信"开立的越多，很有可能会触及国家货币监管红线，业务上也会出现相对的风险。

2. "云信"超发风险

商业银行应重点评估核心企业的信用风险、最终的付款承担能力，监控核心企业脱离真实贸易背景开立"云信"进而导致的超发风险。

第三节　风控审核要点

一、核心企业风控审核要点

（1）核心企业行业地位突出，具有良好发展前景和竞争优势，在供应链中处于核心地位，上下游辐射能力较强，能够构建健康的产业链条。

（2）自身资质较强，具备良好的商业信誉和银行信用记录，能轻松在商业银行获得充足授信。

（3）财务管理规范，现金流充足，付款能力可靠。

（4）愿意配合商业银行对供应商的应收账款进行有效确认，同时承诺按要求回款。

（5）内部管理规范、信息化程度高，具备完善的订单系统、进销存系统、财务系统等，技术开发实力强。

（6）商业银行应根据核心企业账面应付账款金额确定其可以为上游供应商提供增信的合理限额，避免过度融资。

二、供应商风控审核要点

中企云链业务模式主要通过绑定核心企业信用为供应商融资提供增信，故可适当弱化对供应商自身资质的要求，商业银行可重点核实供应商主体的合法性及其与核心企业的历史交易情况。

（1）原则上，供应商应由核心企业推荐。

（2）供应商与核心企业应有较长时间合作记录，期间无重大交易纠纷，历史履约记录良好，交易及回款正常且连续。

（3）供应商主体合法，无不良记录。

（4）供应商实际控制人无负面信息，无不良征信记录。

三、合格应收账款风控审核要点

（1）建议通过科技手段辅助核实应收账款的真实性，如商业银行可以与第三方系统直连，在应收账款入池时对发票进行全量自动验真，同时在入池后一定时间内再次进行自动验真操作，以便主动剔除红字冲销的发票。

（2）加强应收账款管理，建立信息管理与预警系统，对应收账款的入池、自动化核销、回款管理、溢出款转出、应收账款逾期预警、应收账款出池等各个环节设定系统规则，有效控制传统应收账款业务的操作性风险。

（3）核心企业需对应收账款进行有效确认。

四、核心企业及平台系统风控审核要点

鉴于核心企业的重要性及数据获取的多样性特点，因此，要充分重视对核心企业及数据方面的审核。在审核过程中，商业银行应充分评估核心企业及平台系统上的数据是否真实、完整、不可篡改，其平台是否稳定，设计框架是否合理，应用及操作是否规范，以及是否能及时推送给商业银行等。

第五章　供应链金融业务相关法律问题

供应链金融业务涉及业务参与主体众多、业务操作环节繁杂，在实务中极易出现法律风险，因此，商业银行在开展供应链金融业务的过程中应高度重视其可能涉及的法律问题，从各个细节完善法律程序，从而减少或避免出现法律风险。

目前，我国还没有针对供应链金融设计的法律条款，与供应链金融关系较为密切的法律法规主要涉及《中华人民共和国民法通则》《中华人民共和国合同法》（以下简称《合同法》）、《物权法》《中华人民共和国担保法》（以下简称《担保法》）等。但是，根据供应链金融的具体市场化需求，相关行政部门制定了一系列的规章，用于规范在资金管理、物权抵质押、应收账款质押等具体操作过程中的运用。

此外，2019年最高人民法院印发的《全国法院民商事审判工作会议纪要》亦有部分内容与供应链金融业务密切相关。

由于本书前文主要介绍了目前商业银行开展供应链金融的两种主流业务模式——动产融资及应收账款融资，故本章主要介绍与这两种融资模式相关的法律问题。

第一节　动产担保相关法律问题

一、动产质押

（一）动产质押定义

（1）《担保法》第六十三条对动产质押的定义为："本法所称动产质押，是指债务人或者第三人将其动产移交债权人占有，将该动产作为债权的担保。债务人不履行债务时，债权人有权依照本法规定以该动产折价或者以拍卖、变卖该动产的价款优先受偿。前款规定的债务人或者第三人为出质人，债权人为质权人，移交的动产为质物。"

（2）《物权法》第二百零八条对动产质权基本权利的规定为："为担保债务的履行，债务人或者第三人将其动产出质给债权人占有的，债务人不履行到期债务或者发生当事人约定的实现质权的情形，债权人有权就该动产优先受偿。前款规定的债务人或者第三人为出质人，债权人为质权人，交付的动产为质押财产。"

（二）质权生效条件

动产质押的效力分为合同效力和质权效力。

《担保法》第六十四条规定："出质人和质权人应当以书面形式订立质押合同。质押合同自质物移交于质权人占有时生效。"

《物权法》第二百一十条规定："设立质权，当事人应当采取书面形式订立质权合同。"第二百一十二条规定:"质权自出质人交付质押财产时设立。"

由上述法律条文可见,商业银行对动产形成有效质权有两个要素:一是签订有效的质押合同,二是交付占有质物。

(三)实操问题

为确保动产质权生效,在实操中会可能会遇到以下问题。

1. 质押动产需正常经营流转,质物需时常更换,如何保证质物的"特定化"

何谓动产质押物的特定化?法律上没有直接定义。但最高人民法院《关于审理买卖合同纠纷案件适用法律问题的解释(2012)》第十四条中对货物的特定化做出了规定:"当事人对风险负担没有约定,标的物为种类物,出卖人未以装运单据、加盖标记、通知买受人等可识别的方式清楚地将标的物特定于买卖合同,买受人主张不负担标的物毁损、灭失的风险的,人民法院应予支持。"参照以上规定可知,动产质押物的特定化,即将拟设置质押的动产通过一系列的安排,使之区别于其他财产并与质押合同紧密联系的过程。

由于质物必须是特定化的,这就意味着商业银行需要不断地签订质押合同、明确质物,工作量巨大,所以商业银行往往运用最高额质押概念。但《担保法》只规定了最高额抵押权,未规定最高额质权。因此,在《物权法》起草过程中,有不少学者主张规定最高额质权,立法机关采纳了此种主张,故《物权法》第二百二十二条规定:"出质人与质权人可以协议设立最高额质权。最高额质权除适用本节有关规定外,参照本法第十六章第二节最高额抵押权的规定。"据此,在实践中当事人设定最高额质权,一方面适用质权的一般规定，另一方面也参照适用《物权法》关于最高额抵押权的相应规定。

在最高额质押下，一定期间内融资人的授信额度可以循环使用，因此可支持质押物的正常经营流转需求。为了保证质物特定化，商业银行会采用动产清单更换的方式，即不断地设定新的质权。

2. 商业银行通常委托第三方对质物进行监管，监管人是否能实现对质物的"交付占有"

在《陈长森、陈翠敏再审审查与审判监督民事裁定书》【（2019）最高法民申4334号】中认为："认定质权是否有效设立的关键在于是否完成了质物的交付。质物的交付应当满足质权人对质物的有效占有和对外公示两个条件，方能设立质权。"

何谓对动产质物的有效占有？法律上没有直接定义。但《全国法院民商事审判工作会议纪要》（简称"九民会议纪要"）第六十三条明确"在流动质押中，经常由债权人、出质人与监管人订立三方监管协议，此时应当查明监管人究竟是受债权人的委托还是受出质人的委托监管质物，确定质物是否已经交付债权人，从而判断质权是否有效设立。如果监管人系受债权人的委托监管质物，则其是债权人的直接占有人，应当认定完成了质物交付，质权有效设立。"

实践中，对于监管人是否形成占有，法院通常会考虑以下几个因素。

（1）监管场地归谁所有。

对于监管场地为监管人自有场地的，法院一般会认定为构成有效交付。

对于监管场地实质为出质人场地的，即质权人或监管人租用出质人的场地、仓库存放质物，实践中仍可以被认定为构成有效交付。值得注意的是，衡量是否符合交付要求，应以质权人能否实际控制质物为标准，但在商业银行业务实操中常有支付象征性租金的情况（"1元租赁"），即监管人虽与出质人签订租用仓库、场地的协议，但仅为支付象征性租金，此种模式存在被法院认定"质权不成立"的重大风险。针对此类风险具体考量的因素为。

第一，占有的认定。支付象征性租金会成为法院认定真实租赁关系是否存在的重要考量因素。若租赁关系被法院认定不存在，仓库、场地实际上仍处于出质人的控制之下，存于仓库、场地的质物也仍处于出质人的控制之下，此时银行是否构成对质物的占有、是否符合质权交付的要求，将发生巨大的争议。

如在《龙江银行股份有限公司鹤岗宝泉岭支行、田野案外人执行异议之诉二审民事判决书》【（2018）黑民终315号】中认为："宝泉岭支行主张仓库属海安公司租赁，但协议中未明确租赁仓库的位置、面积，海安公司也未按约定交付祥鹤木业1元租金、未实际履行仓库租赁合同，而宝泉岭支行提供监管木材的日志，存在部分虚假填报的情形。从上述种种情形可以看出，宝泉岭支行陈述的转移质押财产形同虚设，三方仅在形式上履行了转移质押财产的手续，且该手续还不完善，实质上质押财产仍由出质人祥鹤木业占有及处分，此种以占有改定方式交付质押财产，在质权设立中不具有物权的公示效应，非《物权法》第二百一十二条规定的有效交付，质权不生效。"当然，对于1元租赁合同的情形，能否构成有效交付，司法实践常会结合多种因素予以判断。

第二，质物的特定化。在第三方监管模式之下，若质物存放于出质人所有仓库、场地中,将可能出现两类风险:一类是可能导致质物和非质物混淆,影响质物特定化和质权成立,同时可能导致商业银行无法对抗第三人对质押车辆的查封;另一类是缺乏公示效力,易发生质物被出质人"一物多质"或"出售给第三方"等风险。

如在《中信银行股份有限公司郑州分行、河南豫粮物流有限公司金融借款合同纠纷再审审查与审判监督民事裁定书》【(2019)最高法民申970号】中认为:"中信银行郑州分行是否善意取得案涉动产的质权,应当参照《中华人民共和国物权法》第一百零六条的规定予以判断。本案中,中信银行郑州分行与顺意公司签订的动产质押合同以双方签订的人民币流动资金贷款合同为基础,符合善意取得的有偿性要件。根据案涉动产质押合同的约定,中信银行郑州分行采用间接占有的方式监管质物,监管人中海公司签发质物清单时,质物转移占有至中信银行郑州分行。质物清单与主合同不符的,以质物清单为准,并构成对主合同中相关内容的自动变更。然而,原审已查明,在质物由小麦变更为玉米之后,中海公司并未依约向中信银行郑州分行出具质物清单。但不宜仅根据动产质押合同的约定认定其未占有质押动产,而应当结合实际进行综合考量。因为中海公司在监管场所悬挂了标识牌并派员进行了监管,使得中信银行郑州分行实质上占有了质物并使质权具备了公示外观,故应认定中信银行郑州分行已经通过中海公司对质物进行了占有和控制,符合善意取得的交付要件。"

如在《陈长森、陈翠敏再审审查与审判监督民事裁定书》【(2019)最高法民申4334号】中认为:"认定质权是否有效设立的关键在于是否完成了质物的交付。质物的交付应当满足质权人对质物的有效占有和对外公示两个条件,方能设立质权。就本案而言,作为质物的机器设备并非一般意义的直接交付，而是在不改变其位置的情况下，以将机器设备存放场地的租赁人变更为陈长森、陈翠敏的方式进行交付。本院认为，这种交付方式并不满足有效占有和对外公示的条件……无论是案涉机器设备本身还是所在场地，均没有任何标识对设备的权利人进行公示，也没有相关人员宣示或主张权利，说明这一交付并未产生对外公示的效果。"

（2）监管费用由谁支付。

在以往的司法实践中，有部分法院认为无论质权人还是出质人支付监管费用，均不影响质权设立。如在《武汉市商业储运有限责任公司、汉口银行股份有限公司水果湖支行合同纠纷再审民事判决书》【（2018）最高法民再157号】中认为："2013年5月15日，水果湖支行（甲方）作为质权人与信诚和公司（乙方）作为出质人、商业储运公司（丙方）作为监管人三方签订动产质押监管合作协议……三方一致同意本协议项下对质物的监管费、仓储费、运杂费等因质物仓储保管和监管产生的相关费用由乙方承担……2013年9月23日、2014年1月27日，信诚和公司分两次向商业储运公司支付2013年9月9日至2014年3月8日的监管费共计33.6万元……故在质物短缺、灭失的情况下，应该先由主债务人偿还债务，不足部分由监管人承担补充赔偿责任。现引发本案纠纷的首要原因是债务人信诚和公司不能清偿债务，商业储运公司在质物移交和质物监管中存在过错，对信诚和公司及其他担保人仍不能清偿部分，应当承担相应的补充赔偿责任。"

但九民会议纪要第六十三条明确，"在流动质押中，应当查明监管人究竟是受债权人的委托还是受出质人的委托监管质物，确定质物是否已经交付债权人，从而判断质权是否有效设立。"该规定之下，"委托"关系未来将成为法院进行质权是否设立的重要审查点之一。而"受谁之托"的一个重要标准即为监管费实际由谁支付、监管商实际代表谁之利益。可以预见的是，监管费用实际由谁支付未来将被纳入法院认定委托关系的重要考量因素。

3. 商业银行委托第三方对质物进行监管的模式下，质物发生风险，责任如何认定？

九民会议纪要第六十三条明确："监管人违反监管协议约定，违规向出质人放货、因保管不善导致质物毁损灭失，债权人请求监管人承担违约责任的，人民法院依法予以支持。"

若第三方监管机构没有按照监管协议约定进行监管而导致质物毁损灭失，第三方监管机构需要承担责任。商业银行可依据监管协议向监管商追偿，但下述几点值得关注：

（1）监管协议对于监管期间的约定可能会影响法院对于第三方监管机构承担责任比例的认定。

监管协议是否约定监管期限包含周末、节假日等期间，会成为法院认定质押物损失的考虑因素。监管协议虽约定了监管期间第三方监管机构应对质押物进行全时段不间断监管，但商业银行是否明知且放任监管商未按协议约定进行监管，可能会影响法院对于第三方监管机构承担责任比例的认定。如实践中，商业银行对于第三方监管机构未在节假日、周末进行监管明知且从未提出异议（如工作日进行监管结果汇报，而节假日、周末未进行汇报等），也未明确指出应当及时纠正违约行为，法院可能会以商业银行明知且放任，认定商业银行存在过错，从而影响法院对第三方监管机构承担责任比例的认定。

（2）实践中法院会根据第三方监管机构违约程度认定第三方监管机构的过错程度，若质权人自身有过失，亦会降低第三方监管机构的过错赔偿责任比例。

在《中国外运辽宁储运公司、中国工商银行股份有限公司沈阳沈河支行合同纠纷二审民事判决书》【（2017）辽民终729号】中认为："《中华人民共和国商业银行法》第三十五条第一款规定'商业银行贷款，应当对借款人的借款用途、偿还能力、还款方式等情况进行严格审查。'第三十六条第一款规定'商业银行贷款，借款人应当提供担保。商业银行应当对保证人的偿还能力，抵押物、质物的权属和价值以及实现抵押权、质权的可行性进行严格审查。'按照上述规定，工行沈河支行在审核贷款过程中对质物真实存在及实际交付出质，具有法定的审查义务。工行沈河支行认为，其对质物的审查及监管义务已经通过监管协议委托给了辽宁储运公司。但是，在工行沈河支行没有对汇丰公司出质的废钢是否达到49 700.1吨尽到审查义务，没有能够发现出质的废钢并未达到约定数量的情况下，却与汇丰公司共同向辽宁储运公司出具了记载质物49 700.1吨的代出质通知书。在此情况下，工行沈河支行对质物未尽到最初审查义务，没有发现汇丰公司最初交付的质物数量短少，应当承担相应责任。"

如在《广发银行股份有限公司哈尔滨长江路支行与中国物流有限公司、哈尔滨商德实业有限公司等金融借款合同纠纷二审民事判决书》【（2016）最高法民终266号】中认为："对涉案质押钢材实际数量与监管下限27 143.429吨差额部分质权不能设立给广发银行造成的损失，商德公司、广发银行、中国物流公司均存在过错，均应承担相应责任……赔偿广发银行债权不能实现部分的损失。根据商德公司、广发银行、中国物流公司的过错程度，中国物流公司应在上述范围内承担30%的赔偿责任为宜。"

（3）第三方监管机构的赔偿责任为补充赔偿责任，需要根据具体合同约定、过错程度等综合认定。质押担保合同是从合同，质押物的丢失并不必然导致质权人主债权不能偿，债权人主合同债权的实现首先应当向债务人主张权利，即首先依赖于主债务人的履行能力，对担保物权的实现在地位上次于主债务的履行。主合同的债权人不能从债务人处直接受偿的情况下，方有担保物权的行使权利。而质押监管人的义务性质有别于借款合同项下的债务人和担保人，故其履行顺序更应退而次之，其性质为补充赔偿责任，需要根据具体合同约定、过错程度等综合认定。

在《大连俸旗投资管理有限公司与中国外运辽宁储运公司等借款合同纠纷案》【（2016）最高法民终650号】中认为："二、变更辽宁省高级人民法院（2016）辽民初1号民事判决第二项为：中国外运辽宁储运公司在人民法院对债务人大连港湾谷物有限公司及其他担保人强制执行后俸旗公司债权仍不能清偿部分，承担不超过30%的补充赔偿责任。"

在《重庆银行股份有限公司西安分行、中外运空运发展股份有限公司金融借款合同纠纷再审民事判决书》【（2017）最高法民再112号】中认为："三、如果尚守国对上述第一项债务履行不能，由中外运空运发展股份有限公司、中外运空运发展股份有限公司西北分公司在775.0852万元范围内对履行不能部分承担赔偿责任。"

二、动产抵押

（一）动产抵押的定义

《中华人民共和国担保法》第三十三条抵押的定义为："本法所称抵

押,是指债务人或者第三人不转移对本法第三十四条所列财产的占有,将该财产作为债权的担保。债务人不履行债务时,债权人有权依照本法规定以该财产折价或者以拍卖、变卖该财产的价款优先受偿。前款规定的债务人或者第三人为抵押人,债权人为抵押权人,提供担保的财产为抵押物。"

《中华人民共和国担保法》第三十四条对抵押财产范围的规定为:"下列财产可以抵押:(一)抵押人所有的房屋和其他地上定着物;(二)抵押人所有的机器、交通运输工具和其他财产;(三)抵押人依法有权处分的国有的土地使用权、房屋和其他地上定着物;(四)抵押人依法有权处分的国有的机器、交通运输工具和其他财产;(五)抵押人依法承包并经发包方同意抵押的荒山、荒沟、荒丘、荒滩等荒地的土地使用权;(六)依法可以抵押的其他财产。抵押人可以将前款所列财产一并抵押。"

由此可见,抵押财产范围包括"机器、交通运输工具和其他财产"等动产。

（二）抵押权生效条件

动产抵押权自合同生效时设立,抵押登记对于动产抵押的设立无直接影响,但对抵押权的效力有重要意义,未经登记的动产抵押不得对抗善意第三人。

《担保法》第四十条规定:"抵押人和抵押权人应当以书面形式订立抵押合同。"第四十一条规定:"当事人以本法第四十二条规定的财产抵押的,应当办理抵押物登记,抵押合同自登记之日起生效。"第四十二条规定:"办理抵押物登记的部门如下:(一)以无地上定着物的土地使用权抵押的，为核发土地使用权证书的土地管理部门；（二）以城市房地产或者乡（镇）、村企业的厂房等建筑物抵押的，为县级以上地方人民政府规定的部门；（三）以林木抵押的，为县级以上林木主管部门；（四）以航空器、船舶、车辆抵押的，为运输工具的登记部门；（五）以企业的设备和其他动产抵押的，为财产所在地的工商行政管理部门。"第四十三条规定："当事人以其他财产抵押的，可以自愿办理抵押物登记，抵押合同自签订之日起生效。当事人未办理抵押物登记的，不得对抗第三人。当事人办理抵押物登记的，登记部门为抵押人所在地的公证部门。"

《物权法》第一百八十五条规定："设立抵押权，当事人应当采取书面形式订立抵押合同。"第一百八十八条规定："以本法第一百八十条第一款第四项（生产设备、原材料、半成品、产品）、第六项（交通运输工具）规定的财产或者第五项规定的正在建造的船舶、航空器抵押的，抵押权自抵押合同生效时设立；未经登记，不得对抗善意第三人。"

（三）实际操作问题

在实际操作中，商业银行往往较少使用动产抵押模式，主要原因是操作复杂、成本较高。

（1）动产抵押通常需要商业银行在工商部门或车管所等部门办理登记，但由于工商部门车管所的管理系统尚未联网，为了满足货物流动性和担保品特定化的双重要求，故须时常更换抵押清单并去现场办理登记，工作量非常大且容易出现差错。

（2）办理动产抵押登记是需要付费的，办理登记次数多必然导致费用上升。

三、动产浮动抵押

（一）动产浮动抵押的定义

《物权法》第一百八十一条对浮动抵押的定义为："经当事人书面协议，企业、个体工商户、农业生产经营者可以将现有的以及将有的生产设备、原材料、半成品、产品抵押，债务人不履行到期债务或者发生当事人约定的实现抵押权的情形，债权人有权就实现抵押权时的动产优先受偿。"

（二）浮动抵押权的生效条件

动产浮动抵押自合同生效时设立，未经登记不得对抗善意第三方，实现浮动抵押权必须对抵押标的物进行特定化。动产浮动抵押权是以不特定的动产作为担保标的物，因此，只有满足《浮动抵押合同》约定财产特定的条件"如因担保物权的行使、债务人违约、约定事件等导致浮动抵押财产转变为特定财产时"，抵押人当时的动产才能特定为抵押物，抵押权人才能对浮动抵押财产特定化时属于抵押人的财产享有优先于其他债权人受偿的权利。动产浮动抵押标的确定前，浮动抵押权人对未特定化的标的物无控制力和支配力。浮动抵押标的确定后，浮动抵押权转化为一般抵押权，相比一般债权人享有优先受偿效力。浮动抵押权不得对抗正常经营活动中已支付合理价款并取得抵押财产的买受人，即便已办理了抵押登记也不可以。

《物权法》第一百八十九条规定："企业、个体工商户、农业生产经营者以本法第一百八十一条规定的动产抵押的，应当向抵押人住所地的工商行政管理部门办理登记。抵押权自抵押合同生效时设立；未经登记，不得对抗善意第三方。依照本法第一百八十一条规定抵押的，不得对抗正常经营活动中已支付合理价款并取得抵押财产的买受人。"

（三）实际操作问题

动产浮动抵押相较于动产抵押的优势在于：动产浮动抵押只需在工商部门登记一次，办理起来经济方便；劣势在于：浮动抵押标的物可以正常经营流转，若标的物卖给了已支付对价的买受人，商业银行则不能追及这些标的物。

四、动产融资的竞存

（一）同一动产标的物

同一动产标的物是否可以既做质押又做抵押或浮动抵押？答案是肯定的。

（二）同一动产标的物上质权、抵押权、浮动抵押权并存

当同一动产标的物上质权、抵押权、浮动抵押权并存，如何确定清偿顺序？对于这一问题，业界及法律上曾普遍认为，同一动产上抵押权、浮动抵押权与质权并存时，需要对比出质动产交付时间、动产抵押登记时间、浮动抵押结晶时间，以时间顺序确定清偿的优先次序。

但"九民会议纪要"关于浮动抵押效力的最新意见如下：

"企业将其现有的以及将有的生产设备、原材料、半成品及产品等财产设定浮动抵押后，又将其中的生产设备等部分财产设定了动产抵押，并都办理了抵押登记的，根据《物权法》第一百九十九条的规定，登记在先的浮动抵押优先于登记在后的动产抵押。"

"九民会议纪要"关于动产抵押权与质权竞存的最新意见如下：

"同一动产上同时设立质权和抵押权的，应当参照适用《物权法》第一百九十九条的规定，根据是否完成公示以及公示先后情况来确定清偿顺序：质权有效设立、抵押权办理了抵押登记的，按照公示先后确定清偿顺序；顺序相同的，按照债权比例清偿；质权有效设立，抵押权未办理抵押登记的，质权优先于抵押权；质权未有效设立，抵押权未办理抵押登记的，因此时抵押权已经有效设立，故抵押权优先受偿。"

第二节 应收账款相关法律问题

一、应收账款质押与应收账款转让的异同

（一）法律性质不同

应收账款质押是一种融资担保方式，属权利质押，适用《中华人民共和国物权法》相关规定。《物权法》第二百二十三条对可以出质的权利范围规定为："债务人或者第三人有权处分的下列权利可以出质：（一）汇票、支票、本票；（二）债券、存款单；（三）仓单、提单；（四）可以转让的基金份额、股权；（五）可以转让的注册商标专用权、专利权、著作权等知识产权中的财产权；（六）应收账款；（七）法律、行政法规规定可以出质的其他财产权利。"

应收账款转让其本身就是一种融资方式（即商业银行保理业务），属债权让与或转让，适用《合同法》相关规定。《合同法》第七十九条规定：

"债权人可以将合同的权利全部或者部分转让给第三人,但有下列情形之一的除外:(一)根据合同性质不得转让;(二)按照当事人约定不得转让;(三)依照法律规定不得转让。"

(二)生效方式不同

应收账款质押的质权生效要件是订立书面合同并办理出质登记。根据《物权法》第二百二十八条规定:"以应收账款出质的,当事人应当订立书面合同。质权自信贷征信机构办理出质登记时设立。应收账款出质后,不得转让,但经出质人与质权人协商同意的除外。出质人转让应收账款所得的价款,应当向质权人提前清偿债务或者提存。"

应收账款转让生效的前提是通知债务人(在商业银行融资业务中,即为次债务人),而登记仅是对抗善意第三方的要见,即未经登记不得对抗善意第三方。根据《合同法》第八十条规定:"债权人转让权利的,应当通知债务人。未经通知,该转让对债务人不发生效力。债权人转让权利的通知不得撤销,但经受让人同意的除外。"

(三)行权成本不同

应收账款质押模式下,首先由出质人清偿债务,在其不能履行清偿义务时,作为质权人的商业银行才有权就该应收账款及其收益优先受偿。此外,商业银行需要履行实现质权程序,即须通过诉讼方式实现债务清偿。

应收账款转让模式下,作为质权人的商业银行可以直接以应收账款债权人的身份向次债务人主张债权。

(四)均对次债务人知情有要求

应收账款质押及应收账款转让均对次债务人知情有一定要求。

应收账款质押自登记起生效，质押合同及债权人据此享有的质权能否约束或对抗出质人的债务人（对商业银行而言的次债务人），还应以次债务人是否知道为前提。通知只是次债务人知道应收账款质押的途径之一，即便未经通知，商业银行有其他证据能够证明次债务人知道质押情形存在的，质押对次债务人也发生效力。

应收账款转让时如未通知次债务人，则该转让对次债务人不发生效力，次债务人另行向出质人偿还债务的，商业银行无权另行要求次债务人再进行偿还。

二、应收账款质押与应收账款转让的竞合

我国当前法律体系采取应收账款质押和应收账款转让的双轨制，应收账款让与不需公示（目前中国人民银行要求商业银行在办理应收账款类融资时进行登记，但该要求不针对非银机构及其他受让人），而应收账款质押需要公示，因此，实践中对于两者之间的优先性争议很大。

（一）应收账款质押登记能否对抗在后转让行为

目前，主流观点认为，应收账款质押登记即生效，具备物权的公信力和公示力，因此，经登记的质权享有优先权。而经登记质押的应收账款仍可以进行债权转让。

在《中国工商银行股份有限公司玉溪分行、李海同纠纷再审民事判决书》【（2017）最高法民再409号】中认为："本案中，质押权人工行玉溪分行与出质人凯锐通公司在签订质押合同后，已依照上述法律规定办理了应收账款质押登记手续，该质权已依法设立。出质人凯锐通公司在该应收账款向工行玉溪分行出质后，又将该应收账款转让给李海艳。产生了工行

玉溪支行的质权与李海燕的债权二者之间的权利冲突，根据物权公信和公示原则，工行玉溪支行的质权具有效力上的优先性。"

在《大唐保定热电厂、保定市三丰生活锅炉厂确认合同效力纠纷再审民事判决书》【（2017）最高法民再5号】中认为："关于洪光煤炭公司与三丰锅炉厂之间债权转让合同的效力问题，其核心是已经设立质权的应收账款债权转让的法律效力问题。《物权法》第二百二十八条第二款规定，应收账款出质后，不得转让，但经出质人与质权人协商同意的除外。出质人转让应收账款所得的价款，应当向质权人提前清偿或者提存。本院认为上述规定不影响债权转让合同的效力……综上，认定已出质的应收账款债权转让合同有效，并不会对质权人的利益造成不利影响，符合《物权法》第二百二十八条第二款的立法目的，原审判决认为该条规定并非效力性强制性规定，适用法律正确，应予维持……综上所述，案涉应收账款质权设立在先，因完成质押登记而成立，三丰锅炉厂与洪光煤炭公司之间债权转让合同成立在后亦发生效力。该应收账款债权因质权行使而消灭并导致三丰锅炉厂所受让的债权消灭，在满足法定条件时，三丰锅炉厂可以通过解除债权转让合同并请求洪光煤炭公司继续履行双方之间的原金钱之债，或者请求洪光煤炭公司承担违约损害赔偿责任等方式寻求救济。"

（二）应收账款转让能否对抗在后质押登记

对于该问题，法律没有明确规定，亦未找到相关公开案例。学界对此亦是各抒己见。

观点一：

未经受让人同意的情况下，应收账款转让在先，可以对抗后来的应收账款质押登记。

观点二：

质权人不知道已有转让的情况下，质权人为善意第三方，此时，在中登网登记生效的应收账款质押，可以对抗应收账款转让。

（三）同一应收账款设立多个质权时如何确定清偿顺序

对同一应收账款多次质押，法律并无明文规定，应当慎重。

中国人民银行《应收账款质押登记办法》第五条规定："在同一应收账款上设立多个质权的，质权人按照登记的先后顺序行使质权。"根据这条规定，看似同一应收账款上可以设立多个质权。

然而，应收账款质押属于《物权法》规定的权利质押类型，《物权法》第五条规定："物权的种类和内容，由法律规定。"目前，《物权法》《担保法》及相关司法解释均未对同一应收账款上可以设置多个质权做出明确规定，故在同一应收账款上设置多个质权，缺少法律依据。

此外，中国人民银行《应收账款质押登记办法》属于部门规章，其效力层级远低于法律，根据物权法定原则，部门规章无权规定物权内容。依据《应收账款质押登记办法》在同一应收账款上设置的多个质权，未来能否获得司法确认存在不确定性。

（四）同一应收账款多重转让时如何确定清偿顺序

该问题在司法实践中存在较大争议。

观点一：

合同在先，权利在先，即转让合同签订在先的受让人取得债权。

在《彭桢与遂宁市茂园建材有限公司债权转让合同纠纷案二审判决书》【(2017) 川 09 民终 347 号】中认为："根据我国《合同法》第八十条第一款'债权人转让权利的，应当通知债务人。未经通知，该转让对债务人不发生效力'的规定，在涉及债权多重转让的情况下，通知本身不是债权让与的生效要件，不能以通知作为债权是否转让以及向哪一个受让人转让的标准，债权转让通知仅具有对抗债务人和第三人的效力，原则上应当按照债权让与合同的先后顺序确定债权受让的优先顺序。朱某与谢晓红、夏桂香的债权让与合意成立生效于其与彭桢的债权让与合意之前，而且朱某与谢晓红、夏桂香的先前让与金额大于其与彭桢的让与金额，故只能由第一受让人谢晓红和夏桂香取得债权。朱某将已经让与给谢晓红和夏桂香的债权再次转让给彭桢的行为属于无权处分，不能发生债权让与的法律效果，第二受让人彭桢不能取得债权。"

观点二：

通知在先，权利在先，即通知次债务人在先的受让人取得债权。

在《高淳县桠溪建筑安装工程有限公司、付民与王洁萍因债权转让合同纠纷二审案民事判决书》【（2013）徐民终字第29号】中认为："根据我国《合同法》第八十条第一款'债权人转让权利的，应当通知债务人。未经通知，该转让对债务人不发生效力'的规定，通知债务人是债权从让与人移转给受让人的要件，未经通知，受让人不能实际取得债权，在债权二重让与的情形下，应以通知债务人的先后顺序确定债权的受让归属。本案中，卫士公司分别与张燕、付民签订'债权转让协议书'，并通知桠溪公司，张燕与卫士公司的债权让与通知先于付民与卫士公司的债权让与通知到达桠溪公司，故张燕相较付民对桠溪公司优先享有债权。"

观点三：

登记在先，权利在先，即优先保护办理了应收账款转让登记的受让人。

深圳前海合作区人民法院《关于审理前海蛇口自贸区内保理合同纠纷案件的裁判指引（试行）》第三十八条规定："债权人对同一应收账款重复转让，导致多个保理商主张权利的，按照如下原则确定权利人。（一）应收账款转让有登记的，优先保护。在登记之前，债务人已收到其他债权转让通知，且已实际支付部分或全部应收款项的，办理登记的保理商可向原债权人主张权利。（二）应收账款转让均未办理登记手续的，以债务人收到应收账款转让通知书的先后顺序确定。但债务人与他人恶意串通的除外。（三）债权转让既未办理登记手续也未向债务人发出转让通知书的，按照发放保理融资款的先后顺序确定。"

天津市金融工作局、中国人民银行天津分行、天津市商务委员会联合发布的《关于做好应收账款质押及转让业务登记查询工作的通知》中提出："所列主体办理应收账款质押、转让业务时，应当对应收账款的权属状况在中国人民银行征信中心动产融资统一登记平台予以登记公示，未经登记的，不能对抗善意保理商。"

第三节　保证金账户质押常见法律问题

1. 商业银行保证金账户是否可以进行质押

保证金账户资金质押的本质是以保证金账户内的款项作为质押物，而非以保证金账户进行质押。在我国，保证金账户资金质押与账户质押之间的界限比较模糊，一般来说保证金账户质押也即保证金质押。

《最高人民法院关于适用〈中华人民共和国担保法〉若干问题的解

释》第八十五条规定："债务人或者第三人将其金钱以特户、封金、保证金等形式特定化后，移交债权人占有作为债权的担保，债务人不履行债务时，债权人可以以该金钱优先受偿。"可见特定化的保证金账户可以进行质押。

2. 保证金账户内资金浮动是否影响其"特定化"进而丧失质押效力

保证金账户具有"特定化"而非"固定化"，因此，账户资金浮动并不影响金钱质权的设立。

在《张大标与中国农业发展银行安徽省分行民间借贷纠纷申请再审民事裁定书》【（2014）民申字第1239号）】中认为："保证金以专门账户形式特定化并不等于固定化。案涉账户在使用过程中，随着担保业务的开展，保证金账户的资金余额是浮动的。担保公司开展新的贷款担保业务时，需要按照约定存入一定比例的保证金，必然导致账户资金的增加；在担保公司担保的贷款到期未获清偿时，扣划保证金账户内的资金，必然导致账户资金的减少。虽然账户内资金根据业务发生情况处于浮动状态，但均与保证金业务相对应，除缴存的保证金外，支出的款项均用于保证金的退还和扣划，未用于非保证金业务的日常结算。即农发行安徽分行可以控制该账户，长江担保公司对该账户内的资金使用受到限制，故该账户资金浮动仍符合金钱作为质权的特定化和移交占有的要求，不影响该金钱质权的立。"

但若保证金账户不能满足专户专用即"特定化"的要求，则该账户存在不被认定为保证金账户的风险，质权的设立将受到影响。

在《海城市农村信用合作联社、王福芝与鞍山添赢汽车销售服务有限公司二审判决书》【（2018）辽民终301号】中认为："三、根据《最高人民法院关于适用〈中华人民共和国担保法〉若干问题的解释》第八十五条'债务人或者第三人将其金钱以特户、封金、保证金等形式特定化后，移交债权人占有作为债权的担保，债务人不履行债务时，债权人可以以该金钱优先受偿'的规定，汽车按揭贷款保证金补充协议签订后，1028账户内有几笔资金的变动并不符合保证金账户使用的约定，1028账户除了偿还贷款的用途之外，还有其他用途的款项变动，不符合保证金账户特定化的要求……1028账户不构成保证金账户，海城信用社对该1028账户不享有优先权，海城信用社不能排除王福芝的民事权益的执行。"

3. 银行承兑汇票保证金账户和其他保证金账户（如应收账款的回款保证金账户等）在司法查封和申请执行异议的操作中是否有所不同

最高人民法院、中国人民银行《关于依法规范人民法院执行和金融机构协助执行的通知》（法发〔2000〕21号）第九条规定："人民法院依法可以对银行承兑汇票保证金采取冻结措施，但不得扣划。如果金融机构已对汇票承兑或者对外付款，根据金融机构的申请，人民法院应当解除对银行承兑汇票保证金相应部分的冻结措施。银行承兑汇票保证金已丧失保证金功能时，人民法院可以采取扣划措施。"根据上述规定，与一般保证金账户不同的是，银行承兑汇票承兑保证金账户在金融机构已对汇票承兑或者对外付款后，金融机构可向法院申请解除相应部分的冻结措施。除上述情况之外，未见到有明确的法律、法规或者司法解释，对银行承兑汇票保证金账户查封和申请执行异议程序做出有别于一般保证金账户的特殊规定。

4. 淘宝商户的支付宝账户质押登记是否有法律效力

对支付宝账户能否设定"特户质押"缺乏明确的法律规定。但需提示的是，对于已经支付到经销商支付宝账户中的资金，应收账款归于消灭，质权也随之消灭，而由于其已不属于应收账款，商业银行不再享有优先受偿权，因此无法达到类似于保证金质押中的优先受偿效果。

第六章　供应链金融未来发展方向

在传统供应链金融模式下，商业银行通常面临两大难题：一是供应链金融服务的对象主要是中小微企业，但大部分中小微企业的财务报表可信度很低，且没有足够的资产进行抵/质押，商业银行无法切实掌握企业的业务规模，也无法准确测算投资回报率。靠传统金融手段难以解决这一信息不对称的问题。二是供应链金融业务涉及的操作环节繁多，耗时耗力且极易出现操作风险。

随着数据分析与计算机技术的发展，通过金融科技创新赋能供应链金融业务发展，成为商业银行开展此类业务的最优选择。金融科技创新包括但不限于：构建智能供应链平台，连接多方机构，打破信息孤岛；多维大数据运用，实现智能交叉验证，确保信息真实可信，并建立风控模型进行智能风险预警；运用区块链实现信用多级穿透，电子凭证支付自由切分流转，以及全链条智能风控等，重新定义核心企业，惠及大量中小微企业等。从这个角度看，金融科技的赋能不仅能解决商业银行面临的供应链金融业务发展难题，还能使中小微企业更好地介入金融的资金端。

未来，信息技术逐步由支撑供应链金融业务向引领供应链金融业务方向发展，金融与科技深度融合已成为新趋势。

第一节　科技赋能供应链金融业务

一、科技蓬勃发展

（一）大数据技术

1. 大数据技术的定义

在维克托·迈尔-舍恩伯格及肯尼斯·库克耶编写的《大数据时代：生活、工作与思维的大变革》一书中，大数据是指不用随机分析法（抽样调查）的捷径，而采用所有数据进行分析处理。并提出大数据的4V特点为：Volume（大量）、Velocity（高速）、Variety（多样）、Value（价值），IBM则又为其加上了一个"V"——Veracity（真实性）。

从大数据的生命周期来看，数据采集技术、数据预处理技术、数据存储技术及数据分析技术，共同组成了大数据生命周期里最核心的技术。

2. 大数据技术应用现状

（1）在互联网搜索领域，Google（谷歌公司）在搜索引擎上所获得的巨大成功，很大程度上是由于采用了先进的大数据管理和处理技术。例如，Google运用大数据技术解决搜索引擎的核心问题，即自动下载尽可能多的网页、建立快速的索引、根据相关性对网页进行公平准确的排序。

（2）在机器翻译领域，20世纪90年代，机器翻译出现了基于统计的翻译方法，即在数据庞大的语料库中统计两个词或者短语对应出现的概率。例如,"read a"后面跟一个"book"的概率大大超过"read a TV"的概率。随着实践,人们发现,建立相应的数据模型并在大数据的基础上训练,大数据技术在机器翻译领域大有可为。随着技术的快速发展,近年又兴起了神经网络翻译方法,而这种翻译方法也依然需要基于对大数据技术的运用。

(3) 在零售领域,很早以前,就有大型连锁超市通过数据发现,买尿不湿的人通常也会买啤酒,于是,精明的商家就把这两样商品放在同一通道内,以促进销售。两种商品之间的联系是,家庭中的爸爸通常会负责购买孩子所需的尿不湿,同时他们也爱喝啤酒。经过解释,啤酒和尿不湿之间的关联不难理解,但如果没有数据支持,即便有人能够通过思考得出这种结论,也很难从客观上说服他人。这种表面上看起来完全不相关的两种商品之间的深层联系,通过数据可以看得一清二楚。

在商业环境中,只要用正确的方法获取真实的数据,解读这种关系并不困难。事物之间只要存在关联,就可以运用大数据技术进行关联分析,并达到最终目的——让用户尽可能多的看到想购买的商品,甚至是激发潜在的购买需求。

(二) 区块链技术

1. 区块链技术的定义

很多人对区块链技术的了解都起源于比特币,2008年11月1日,一位自称中本聪(Satoshi Nakamoto)的人发表了《比特币:一种点对点的电子现金系统》一文,阐述了基于P2P网络技术、加密技术、时间戳技术、区块链技术等的电子现金系统的构架理念。

简单来说,区块链是一个分布式的共享账本和数据库,具有去中心化、不可篡改、全程留痕、可以追溯、集体维护、公开透明等特点。利用这些特点，区块链技术目前多应用于解决信息不对称的问题，实现多个主体之间的协作信任与一致行动。

2. 区块链技术应用

（1）支付领域，因涉及很多手工流程，金融机构特别是跨境金融机构间的对账、清算、结算等环节。目前需要工作人员手工进行，因此带来较高的成本，这导致用户端和金融机构后台业务端等产生高昂的费用，进而导致小额支付业务难以开展。区块链技术的应用有助于降低金融机构间的对账成本及争议解决的成本，显著提高支付业务的处理效率。2016年8月，微众银行联合上海华瑞银行推出微粒贷机构间对账平台，这也是国内首个在生产环境中运行的银行业联盟链应用场景。

（2）Holbertson School 是一家位于美国加利福尼亚州的提供软件技术培训课程的学校，其在几年前已经宣布将使用区块链技术认证学历证书。这将确保学生声称在 Holbertson 通过的课程的成绩，都是被鉴定为合格的。如果更多的学校开始采用公开透明的学历证书、成绩单和文凭，可能更容易解决学历欺诈的问题，并避免人工检查和减少纸质文件。

（3）选举需要对选民身份进行认证、对投票情况进行记录及计数，以此来决定胜选者。区块链技术可以为投票过程、选票跟踪和统计选票各环节提供服务，以防存在选民欺诈、记录丢失或者不公平的行为。而选民也会认可基于区块链技术的投票最终计数，因为区块链的审计线索可以判断选票有没有被修改或删除。

（三）物联网技术

1. 物联网技术的定义

物联网（The Internet of Things，IOT）是指通过各种信息传感器、射频识别技术、全球定位系统、红外感应器、激光扫描器等装置与技术，实时采集任何需要监控、连接、互动的物体或过程，采集其声、光、热、电、力学、化学、生物、位置等各种需要的信息，通过各类可能的网络接入，实现物与物、物与人的泛在连接，实现对物品和过程的智能化感知、识别和管理。

2. 物联网技术应用案例

（1）监控场所安全。无锡传感网中心的传感安全防护设备产品在上海浦东国际机场和上海世博会被成功应用。设备由10万个微小传感器组成，散布在设定区域内的各个角落，传感器能根据声音、图像、震动频率等信息分析判断爬上墙的究竟是人还是猫狗等动物，经过路面的是汽车、自行车还是行人。多种传感手段可以组成一个协同系统，全面监控场所情况。由此我们可以判断，此项技术在质/抵押物监管方面也大有可为。

（2）监控目标物状态。无锡市农业委员会放流了30万尾小鱼，这些小鱼的背脊上有类似小天线的黄色标签，这是物联网技术"联姻"净水渔业的尝试。芯片用来记录鱼放流时间、放流地点、放流时鱼身体状况等初始信息。研究人员用计算机扫描芯片，就可找到初始数据，以此研究蠡湖鱼类的生存状态、环境变化对鱼的影响等，还可通过鱼类身体重量变化算出吃掉的蓝藻，精细测量出蠡湖生态环境的改善。

（3）监控环境。无论是政府还是大型企业，其档案室中都会储存着大量的公司档案和客户档案，对环境温湿度有严格的要求。第三方物联网服务商通过部署温湿度采集仪和红外控制器，实现对档案室内温湿度的实时采集和对空调设备的自动控制，管理人员可以随时随地通过手机或电脑登录平台，全天候、全天时监控档案室环境和空调、除湿器的状态，保证各类档案文件最佳的储存环境。

（4）监控人员。目前已有移动支付服务提供商运用人脸识别、声纹识别、指纹识别、虹膜识别、光学识别（OCR）等技术验证新注册用户的身份真实性。

（四）人工智能

1. 人工智能的定义

人工智能（Artificial Intelligence，AI），是计算机科学的一个分支，它企图了解"智能"的实质，并生产出一种新的、能以人类智能相似的方式做出反应的智能机器，该领域的研究包括机器人、语言识别、图像识别、自然语言处理和专家系统等。

2. 人工智能应用案例

（1）苹果手机个人助理 Siri，能够帮助我们发送短信，拨打电话，记录备忘，甚至还可以陪用户聊天。作为一款智能数字个人助理，Siri 通过机器学习技术来更好地理解我们的自然语言问题和请求。

（2）智能医学影像是将人工智能技术应用在医学影像的诊断上。人工智能在医学影像应用主要分为两部分：一是图像识别，应用于感知环节，其主要目的是将影像进行分析，获取一些有意义的信息；二是深度学习，应用于学习和分析环节，通过大量的影像数据和诊断数据，不断对神经元网络进行深度学习训练，促使其掌握诊断能力。贝斯以色列女执事医学中心与哈佛医学院合作研发的人工智能系统，对乳腺癌病理图片中癌细胞的识别准确率能达到92%。

（3）自动驾驶汽车依靠人工智能、视觉计算、雷达、监控装置和全球定位系统协同合作，它是一个集环境感知、规划决策、多等级辅助驾驶等功能于一体的综合系统，它集中运用了计算机、现代传感、信息融合、通信、人工智能及自动控制等技术，是典型的高新技术综合体。

（4）在大众金融服务平台，用户提出的金融咨询中有80%的问题都是重复性的，如果由传统人工客服解答，极大地消耗人力、财力，智能客服可以解决用户的大部分问题，当它非常确定答案的时候，会直接作答，当它不确定时，会把可能的选项提供给人工客服，人工客服只需要判断和选择，就可以发送至客户。这样极大地提升了客服效率和问题解决效率，降低了成本。

（5）2019年，中国建设银行宣布在上海开业国内第一家无人银行，消息一经宣布激起千层浪。经过1年多的运行，无人银行能够完成传统个人业务的80%，很好地解决了传统网点中同质化程度高和效率相对低下等弊端。而这一切都是建立在人脸识别和人工智能等新技术的应用上，可以想象，未来随着新技术的不断涌现以及更广泛应用，银行网点等高人力资本消耗行业的生存空间将进一步被挤压，从而推动产业升级。

二、政策层面大力支持

（1）2019年7月，中国银行保险监督管理委员会发布《关于推动供应链金融服务实体经济的指导意见》（以下简称《意见》），值得注意的是，在《意见》中特别提到，"鼓励银行业金融机构在依法合规、信息交互充分、风险管控有效的基础上，运用互联网、物联网、区块链、生物识别、人工智能等技术，与核心企业等合作搭建服务上下游链条企业的供应链金融服务平台，完善风控技术和模型，创新发展在线金融产品和服务，实施在线审批和放款，更好满足企业融资需求"。"鼓励银行保险机构将物联网、区块链等新技术嵌入交易环节,运用移动感知视频、电子围栏、卫星定位、无线射频识别等技术,对物流及库存商品实施远程监测,提升智能风控水平"。"银行保险机构应加强信息科技系统建设,鼓励开发供应链金融专项信息科技系统,加强运维管理,保障数据安全,借助系统提升风控技术和能力"。

(2) 2019 年 9 月,央行发布了《金融科技(FinTech)发展规划(2019—2021 年)》,其中提出"金融科技是技术驱动的金融创新,旨在运用现代科技成果改造或创新金融产品、经营模式、业务流程等,推动金融发展提质增效"。这里也提及了加大金融科技产品服务创新力度,以优化企业信贷融资服务,并重点提出搭建供应链金融普惠服务平台、建立产业链生态圈。

(3) 2020 年 4 月,商务部等八部门联合印发了《关于进一步做好供应链创新与应用试点工作的通知》,特别提出"鼓励有条件的银行业金融机构应用金融科技,加强与供应链核心企业、政府部门相关系统对接,推动供应链上的资金、信息、物流等数字化和可控化,为链上的客户提供方便快捷的供应链融资服务"。

三、商业银行发展金融科技的基础和实力

(一)商业银行数据基础雄厚

众所周知,在数据分析手段相同的情况下,客户信息收集越全面、完整,经过分析得到的结论就越趋向于合理和客观,而商业银行恰恰拥有海量的客户信息。

(1) 商业银行业务涉及个人和对公两部分,其不仅可以分别对个人及

企业进行画像,亦可以公私联动建立数据库、营销模型及风控模型。通常,个人数据包括年龄、性别、消费能力、兴趣爱好、风险偏好等;对公数据包括账户数据、结算数据、贷款数据、财务数据、运营数据等。

(2)商业银行业务涉及行业广泛,通过大量的客户数据,一是可以建立行业先行指标分析模型用于行业限额决策;二是可以将单个客户与该行业客户平均指标进行对比。

(3)商业银行通过对接需要授权接入的第三方公共平台采集专有数据,如央行征信、税务、工商等方面数据,可用于交叉验证个人或企业信息真实性。

(二)商业银行拥有技术投入实力

商业银行的科技预算能够支持其搭建可靠的科技人才体系及技术体系,亦可采购国内外一流的技术服务。目前,各大商业银行均已在金融科技上发力。

1. 中国工商银行

2018年11月,中国工商银行将原信息科技部、产品创新管理部整合,成立金融科技部。全面实施智慧银行信息系统(ECOS)转型工程,以"客户服务智慧普惠、金融生态开放互联、业务运营共享联动、创新研发高效灵活、业务科技融合共建"为目标,以企业级业务架构为依托,以松耦合、分布式IT架构和标准化、智能化数据体系为基础,聚焦重点业务领域实现产品整合、流程联动和信息共享,着力提升灵活创新、智能应用、开放融合能力,为转型发展赋能,为创新领跑助力。

2. 广发银行

广发银行以"十三五"规划中期评估与战略深化为契机,深化了"数字广发"的内涵,提出金融科技战略,推动和引领全行高质量发展。未来将推动全面的数字化转型,利用金融科技升级经营模式,从服务高端客群到覆盖长尾客户,从维护客户到构建平台生态连接客户,从金融产品销售到数字化产品运营,从经营金融自场景到经营"金融+非金融"综合场景,从封闭的经营体系到无界开放。

3. 平安集团

金融壹账通是平安集团孵化的金融科技公司,成立于2015年年末,是金融全产业链科技服务平台。作为平安集团"金融+科技"双驱动战略的重要承载者,为银行、保险、投资等全行业金融机构提供智能营销、智能产品、智能风控、智能运营等端到端的解决方案。目前,金融壹账通的产品体系主要由三个方面构成,分别是针对中小银行的智能银行云服务,针对保险公司的智能保险云服务,为证券、基金等金融机构提供的智能投资云服务。此外,金融壹账通将部分科技组件通过开放 API(Application Programming Interface,应用程序编程接口)的方式打造开放平台,为金融机构提供相应服务。客户构成方面,除了中小银行、证券、基金等金融机构外,保险公司成为金融壹账通重要的客户群体。

4. 兴业银行

兴业数金是兴业银行集团旗下一家提供金融信息服务的数字金融企业,成立于2015年12月。作为兴业银行集团布局金融科技的先行者,兴业数金自成立以来就明确了三大发展脉络:一是"延续发展",即在继承"银银平台"科技输出基础上,做大做强金融云,为中小银行、非银行金融机构、中小企业提供全方位金融信息云服务;二是"突破创新",即打造开放银行平台,通过开放接口,开展微创新,成为"银行端"和"客户端"的连接器；三是集团业务服务方面，积极服务兴业银行集团，做好集团信息科技力量的补充。"构建云端共赢生态，打造金融创新引擎"，是兴业数金的企业愿景，也是未来一段时间兴业数金的战略发展方向。目前，兴业数金形成了"三朵云"+智慧服务的新格局——为金融机构提供服务的"银行云"、为非银机构提供服务的"非银云"、为全行业提供可靠基础架构的"基础云"，以及帮助银行机构拥抱金融服务场景化和普惠化变革的开放平台和智慧银行。

5. 招商银行

招商银行全资子公司招银云创（MBCloud）成立于 2016 年 2 月，旨在响应银监会金融互助的号召，将招商银行 IT 系统 30 年稳定运行的经验和金融 IT 解决方案对金融同业开放。招银云创将自身定义为"一个公有云，并且是一个符合监管的金融云"，全方位整合招银系金融领域的科技能力，并整合打包零售、交易银行、消费金融，直销银行（投融资）等领域的服务能力，以金融云的方式一并向招银系和金融同业输出。现有产品分为三大类：一是包括云灾备解决方案、大数据平台解决方案在内的金融基础云服务；二是包括互联网投融资、营销、支付在内的金融业务云服务；三是专项咨询与服务，包括 IT 规划与数据中心规划、监管控一体化规划等。

6. 光大银行

光大科技由中国光大集团股份公司、中国光大银行共同发起，于 2016 年 12 月在北京成立。2018 年 5 月，按照集团战略优化和深化改革要求，作为光大集团二级公司管理。光大科技是光大集团新科技板块的重要成员企业，集团科技创新发展的基础平台，将通过创新机制、创新产品、创新服务，致力于实现集团信息化，提升集团整体信息科技水平；紧密围绕

"集团+互联网"战略发展规划，研制和搭建数据互联平台、生态互联平台，促进综合金融服务、业务协同、产业生态圈发展；致力于研究"互联网+"创新模式，瞄准一流科技产品进行创新。未来，光大科技将充分发挥集团的多产业优势，利用金融科技的手段，通过科技创新产业基金、科技创新实验室，实现投资决策与投资方向多元化，实现具有光大特色的创新生态圈，为光大集团成员企业、合作伙伴以及中小金融机构提供更精准的个性化产品和服务。

7. 建设银行

建信金融科技是中国建设银行旗下从事金融科技行业的全资子公司，成立于2018年4月，总部位于上海浦东新区。建信金融科技经营范围包括软件科技、平台运营及金融信息服务等，以服务建行集团及所属子公司为主，并开展科技创新能力输出。建信金融科技是国有大型商业银行设立的第一家金融科技公司，也是国内商业银行内部科研力量整体市场化运作的第一家。凭借长期的技术沉淀和"新一代"核心系统带来的技术信心，建设银行整合各类人才、技术资源，组建建信金融科技，在服务集团的同时开启了技术输出。目前，建信金融科技的产品包括一些标准单一产品的输出，如风险计量、人脸识别等。同时，通过搭建大型综合平台，解决客户在定报价、资金交易、客户管理方面的问题。此外，建信金融科技依托"新一代"核心系统为客户输出整体系统解决方案和专项咨询等服务。

8. 民生银行

2018年5月15日，民生银行旗下民生科技成立，注册资金2亿元(由民生置业有限公司全额认缴)。民生科技秉承民生银行改革创新精神，致力于通过大数据、云计算、人工智能、区块链等科技创新，为民生银行集团、金融联盟成员、中小银行、民营企业、互联网用户提供数字化、智能化的科技金融综合服务，共同打造科技金融生态圈。民生科技借助民生银行沉淀多年的金融业务及技术经验，搭配成熟的产品组合为民生银行集团及合作伙伴提供全体系的数字智能化、数字人性化科技金融综合服务。在渠道端，通过远程银行、PaaS 平台、API 借口等方式提供渠道整合与能力共享；在产品端，通过分布式账户核心、信贷、支付等核心系统，客户管理、财富管理、大数据平台等产品，提供业务支撑服务；同时，民生科技在零售、对公、智能运营、风控等方面，利用沉淀多年的金融业务及技术经验搭配出成熟的产品组合，为客户提供最专业的解决方案。

9. 北京银行

北银科技是北京银行设立的金融科技子公司。北银科技为北银置业有限公司 100% 控股子公司，而北银置业有限公司又是由北京银行 100% 控股子公司。北银科技早在 2013 年 8 月 8 日就已经成立，此前名为北京京辉投资管理有限责任公司，2018 年 8 月 24 日，更名为"北银金融科技有限责任公司"（即北银科技）。2019 年 5 月 16 日，北京银行在北京银行大厦举行了公司成立仪式，此举标志着北京银行积极把握银行数字转型的战略机遇，积极响应国家服务实体经济、防控金融风险、深化金融改革的指导思想，迈出坚实稳健的一步。北银科技定位于大数据、人工智能、云计算、区块链、物联网等新技术创新与金融科技应用的科技企业，通过对技术、场景、生态的完美融合，输出科技创新产品和技术服务，将为北京银行、中小银行、民营企业、互联网用户提供数字化、智能化的金融科技综合服务，鼓励创新，大胆尝试，合作共赢，不断探索产品创新、服务创新和行业创新模式。

10. 华夏银行

龙盈智达是华夏银行下属科技公司。其一直致力于开发金融企业所需的软件系统，同时在平台运维、新技术研究与咨询等领域不断发力。目前，龙盈智达在供应链金融领域依托于华夏银行，在人工智能、大数据分析等细分领域发挥其独有的优势。龙盈智达成功完成了多人人脸识别系统的开发。

多人人脸系统的开发运用标志着金融企业在远程开户等应用场景的又一提升，系统可提供包括人脸检测与分析、五官定位、人脸搜索、人脸比对、人脸验证、活体检测等多种功能，为企业带来了识别度和智能化更高的人脸识别服务，充分满足各行业客户的人脸属性识别及用户身份确认等需求。

第二节　科技赋能供应链金融业务

一、信息技术与金融业务深度融合，势不可挡

（一）信息技术在互联网金融领域的发展

阿里巴巴运用积累的海量数据分析企业的经营情况，通过数据的运算来评核企业的信用，不依赖抵押、担保向企业提供阿里小贷和信用贷款产品。

阿里小贷产品主要有两种：一是针对淘宝网商户，淘宝网商户凭已经

接收的订单申请订单贷款或者信用贷款；二是针对阿里巴巴平台上企业用户。阿里小贷的主要优势有以下几点：一是依托阿里巴巴和淘宝电子商务平台、支付宝和阿里云，实现了客户、资金和信息的封闭运行，甚至随着未来阿里巴巴自建物流的形成，可以实现平台内物流、资金流和信息流的闭环运行；二是利用阿里巴巴的海量数据优势，将信用信息的外延拓展到了商业信用信息，涵盖用户每天交易、付款、收款、收发货等高活跃性数据；三是通过电子商务平台的运营，将数据收集以自动化的形式搬到线上，极大地降低了数据获取成本，同时引入信用风险评价技术模型，通过不同侧面的低质量、高频率数据的相互印证技术达到对高质量数据的拟合，弥补传统信用风险评价体系在服务低净值融资人方面的不足。

京东金融通过数据及科技能力的不断提升，不仅实现了技术能力的开放，还提供了很多创新产品。

京东金融推出的"京保贝2.0"将风控及系统能力输出给第三方企业；消费金融的风控实现了向外部商户输出；保险云为保险公司提供基础算法及大容量存储功能。此外，京东金融还发布了大数据消费指数，能够为证券行业提供及时、深入的数据支持。例如，其发布的白酒行业研报显示：白酒销售在6月、11月及春节期间表现强劲；高端白酒价格持续上涨，其他白酒价格稳定；中高端白酒常客在2017年有消费升级迹象，而高端白酒消费者转向了价格较低的产品；横向比较各价格段，高端白酒客户黏性最高。

（二）信息技术在传统金融领域的发展

信用卡业务运用人工智能技术在反欺诈方面发挥着巨大的威力，例如，防止垃圾注册、盗卡盗刷、虚假交易、恶意刷单、恶意套现、营销作弊"薅羊毛"等。招商银行信用卡中心已搭建生物识别技术平台，并在不同的业务场景中开始使用。以人脸识别系统为例，通过采集现场人像与公安部数据进行比对验证，在获客、登录等环节更加精准的识别客户身份，并且借助"动态人像检测技术"，可有效识别被采集对象是否为活体。此外，其信用卡业务从交易、服务、风险、权益等多个层面分析数据，通过大数据分析提供统一的客户视图，以便更清楚地了解客户价值体系，从而为客户提供更有针对性和相关性的营销活动。

供应链金融业务通过系统建设和运营，实现供应链全流程交易信息（订单、物流、应收应付、付款等）和数据的沉淀管理，为判断企业的经营状况提供了依据，由抓核心企业数据为风控核心，逐渐变为依据数据判断企业是否正常经营为风险核心。例如，平安银行橙e网基于现有产业链客群及供应链金融的业务结构，创新"供应链金融+产业基金"的业务运作模式，推行供应链金融应用云端化，并围绕"四流合一"的业务构想，开发了"生意管家""发货宝"等免费的 SaaS（Software-as-a-Service，软件即服务）云服务，支持中小企业零成本、快速实现电子商务转型升级。浙商银行的应收款链平台把区块链技术应用于企业应收账款业务，有效解决了企业应收账款痛点和难点问题。它是一个依托互联网和区块链等创新技术设计开发的，专门用于办理企业应收款的签发、承兑、保兑、转让、质押、兑付等业务的企银合作平台。

二、传统线下模式下，供应链金融领域风险事件频发

（1）在应收账款类融资业务方面。2018年，华业资本投资的应收账款转让业务涉及大额造假；2019年，诺亚财富"踩雷"承兴国际，后者伪造

应收账款合同及发票、擅自修改资金划拨流程；同年，又曝出闽兴医药造假事件，亦为伪造医院公章、虚构应收账款融资。上述三个案例出险的核心问题均是贸易真实性失察，但这三个出险案例如果采用线上化操作、辅佐金融科技手段（如发票线上化全量验真、回款账户变更或回款频率改变自动预警、电子签章等），将能快速甄别伪造账目及票证，及时提示并规避风险，避免损失。

（2）在存货质押类融资业务方面。对质押物进行线下操作时，质押物丢失、重复质押、人工监管失职、信贷员违规操作等问题频发，但如果能利用大数据建立风控预警模型、利用物联网技术监管质押物等，则能在很大程度上规避风险。

最后，引用中国人民大学商学院副院长宋华教授的一段话："现代科技发展的基础是供应链，任何科技创新都不是依靠封闭的体系来完成的，无论是研发、还是生产，都需要开放协同的供应链体系。一方面，供应链的持续发展，需要科技来支撑或赋能，形成智慧供应链。供应链与科技的结合，是产业各利益相关方或者产业集群的有机组织和结合。另一方面，科技也需要供应链，即现代科技的发展，需要供应链来保障，没有良好的供应链体系、组织之间的协同合作、资源能力的整合，就不可能有良好的科技创新和科技运用。"

致　谢

　　此次的成书耗时良久，一路走来感慨良多。感谢我的太太，在她的帮助、鼓励和督促下，经过不断复盘 - 打磨 - 总结，本书才得以成功完成，且在此过程中我对供应链金融业务的理解也有了一个新的高度；感谢我的老领导韩峰总裁，十年来他一直是我求知路上的指路明灯；感谢我的博士导师孙志刚教授和毛振华教授，他们在理论及实践双重层面的指导使我看待问题更加深入，视野更加宽广；感谢我的好友郝致涛律师为本书提供专业法律意见；感谢潘惠军夫妇、王彦博博士、余志雄院长、胡志强教授、夏斌博士等一直以来给予的帮助及指导。

　　感谢机械工业出版社给予本书出版机会，为我提供与更多读者交流的机会。

葛经纬

参 考 文 献

[1] 李钢, 陈志, 梁超杰. 从供应链金融入手破解中小企业融资难[N]. 中国社会科学报, 2013-05-27(A7).

[2] 项银涛. 打通堵点连接断点 加快构建供应链金融生态[N]. 经济参考报, 2020-06-03(1).

[3] 高岩. 促进线上供应链金融发展策略[N]. 金融时报, 2015-12-21(11).

[4] 高剑. 供应链金融: 缓解融资难的利器[N]. 东莞日报, 2016-01-13(A2).

[5] 陈灿, 万俊毅, 吕立才. 农业龙头企业与农户间交易的治理: 基于关系契约理论的分析[J]. 华中农业大学学报(社会科学版), 2008(4): 42-45.

[6] 宋华. 再论供应链金融的本质与发展[N]. 现代物流报. 2016-08-12(A7).

[7] 傅烨珉. 供应链金融迎来新机遇[N]. 上海金融报. 2015-04-28(B13).

[8] 万俊毅, 彭斯曼, 陈灿. 农业龙头企业与农户的关系治理: 交易成本视角[J]. 农村经济, 2009(4): 25-28.

[9] 严志义. 供应链金融铸就银企"共赢链"[N]. 中国城乡金融报, 2014-02-14(B1).

[10] 袁静, 毛蕴诗. 产业链纵向交易的契约治理与关系治理的实证研究[J]. 学术研究, 2011(3): 59-67.

[11] 张路. 博弈视角下区块链驱动供应链金融创新研究[J]. 经济问题, 2019(4).

[12] 宋华. 中国供应链金融的发展趋势[J]. 中国流通经济, 2019(3).

[13] 王润楠. "互联网+"供应链金融运作模式研究[J]. 河北企业, 2018(7).

[14] 朱兴雄, 何清素, 郭善琪. 区块链技术在供应链金融中的应用[J]. 中国流通经济, 2018(3).

[15] 黄明田, 储雪俭. 我国供应链金融业务运作模式梳理与发展对策建议[J]. 金融理论与实践, 2019(2): 25-34.

[16] BLOME C. Antecedents and Enablers of Supply Chain Agility and its Effect on Perform-

ance: A Dynamic Capabilities Perspective [J]. International Journal of Production Research, 2013, 51(4): 1295-1318.

[17] 万俊毅, 敖嘉焯. 企业间交易治理机制研究述评与展望[J]. 外国经济与管理, 2013(3): 22-27.

[18] CANNON J P, ACHROL R S, GUNDLACH G T. Contracts, Norms, and Plural Form Governance [J]. Journal of the Academy of Marketing Science, 2000, 28(2): 180-194.

[19] POPPO L, ZENGER T. Do Formal Contracts and Relational Governance Function as Substitutes or Complements? [J]. Strategic Management Journal, 2002, 23 (8): 707-725.